携手 "1+6" 丛书

基础学习能力家庭教育手册

杭州市长寿桥小学　编
周佶　著

浙江摄影出版社
全国百佳图书出版单位

刘华

南京师范大学心理学博士
浙江大学教育学博士后
美国印第安纳大学儿童脑科学访问学者
俄罗斯圣彼得堡理工大学认知语言学访问学者

  周佶是我在浙江大学任教时的学生，本科和研究生都是。自2000年他入读浙江大学教育系起，我与他一直都保持着密切的亦师亦友的关系。

  周佶的这本新著我前后读了三遍，在我看来，这本书同时具备了三大特征。

  其一，通俗性与专业性相融合。周佶将艰深的心理学专业理论用极其通俗的语句进行阐释。例如对前庭觉、本体觉这些对于心理学专业的学生来说经过了数年学习都感到迷惑的专业知识，他巧妙地用了一个"防火墙"的比方和两句简单的话（"换句话说，本体觉让孩子不用眼睛看，就能知道自己身体的任何部位在干吗""除此之外，本体觉还负责帮助儿童在运动之前，做好身体运动前的准备"）就讲得清清楚楚了。又如，像"工作记忆"这样的概念，一般心理学教科书上都会叙述其"前世今生"，如"瞬时记忆""短时记忆"，等等，几乎很少涉及其对于儿童发展和学习过程的影响,或只作蜻蜓点水似的泛泛而谈,但是周佶却把它写出了整整一章的内容,突显了其作为一个重要的心理发展过程的现实意义,且同样是用了通俗易懂的简洁语言就阐述得明明白白。有的专家写书,往往连篇累牍地使用佶屈聱牙的专业术语,仿佛不如此不足以表明自己的"专家"身份,结果书出版以后,读者寥寥。相较而言,周佶的这本书并没有因为其通俗易懂而丧失了应有的专业性,不但家长、学生读得懂,如我这种所谓正牌"专家"也从中获益匪浅。

其二,逻辑性与文学性相融合。我以前在给学生讲论文写作时,会强调一句"专业性是与文学性相排斥的,因为文学性太强会影响思维的逻辑性",现在读了周佶这本书后,我的观念发生了动摇。这本书整体架构的逻辑性非常强,第一部分与第二部分前后呼应,理论与应用相互衔接,问题与方法相互应答,训练游戏逐步递进,而且每一章节的层次安排也显得井井有条,甚至每个段落里的语句之间也如串珠取贝似的连贯一体。写文章要做到逻辑性与文学性相结合,并不是一件容易的事,可喜的是,周佶这本书处处都有着美妙的文学化语言,把深奥的道理讲得浅显而充满趣味,且感人至深。

其三,知识性与可操作性相融合。几年前,我与中国心理学会基础理论专业委员会主任高申春教授交流时,曾提出现代中国心理学界普遍缺乏美国心理学家 J. S. 布鲁纳那样坦荡诚恳的研究态度。不久前,我在给四川某大学教育学院的教师做演讲时再次提到了这个观点,并用了"布鲁纳精神"这个词语。那么,"布鲁纳精神"是什么精神呢?我认为主要有两点:一是来自问题现场的扎实与细致,二是把自己的研究成果无论对错一览无余地展示出来。从这本书里,我看到周佶身上已经体现出了这种可贵的"布鲁纳精神"。每一个案例都切合对理论知识的介绍，并都描述得具体细致，几乎所有家长都会感叹，"这说的不正是我们家孩子的情况嘛"！因为这些案例都是他自己在长期的教育教学和心理咨询辅导实践中一个一个积累起来的。书中每一个感统训练游戏都基于现实的日常生活进行设计，具体而实在，没有复杂的程序和难觅的活动辅助材料，家长们一看就知道怎么操作，从而对照解决自己孩子的学习障碍问题。

  我为有周佶这样青出于蓝而胜于蓝的学生而感到欣慰，并诚恳地祝愿他能写出更多的好书以惠及更多的儿童。是为序。

2022 年 8 月

引　言　/ 001

第一部分　儿童学习与注意力问题的分析与辨别　005

第一章　父母需要得到帮助而不是被指责　/ 007

为什么要帮助父母？
——当下许多父母正在经历从着急、心烦到绝望无助的心理变化　/ 009
父母应该得到帮助而不是被指责
——几乎每一个父母，都在用自己知道的最好的方式教育他们的孩子！　/ 010

第二章　分析儿童学习和注意力问题前的准备　/ 013

第一步　管理自己的负面情绪　/ 014
第二步　把孩子的糟糕状态分解成具体化的行为　/ 018
第三步　找到并记录孩子重复出现的错误行为　/ 021
第四步　根据孩子的重复错误行为分析背后的根源　/ 024

第三章　学习与注意力问题的根源——你的孩子输在起跑线上了吗？　/ 027

别让孩子输在起跑线上

——孩子的起跑线到底在哪儿　/ 029

构成学习起跑线的第一部分

——学习信号的捕捉和收集能力　/ 033

构成学习起跑线的第二部分

——学习信号的传输和筛选能力　/ 034

构成学习起跑线的第三部分

——学习信号的加工和处理能力　/ 038

构成学习起跑线的第四部分

——学习信号的储存和输出能力　/ 041

第四章　孩子需要被训练，而不是批评和惩罚　/ 045

家长干吗要批评和惩罚孩子？

——为何不能像曾经对待学走路的孩子那样对待他们？　/ 046

批评和惩罚真的管用吗？

——我们凭什么觉得批评和惩罚能让孩子变得更好？　/ 047

孩子需要训练，而不是批评和惩罚

——用训练让孩子一步步摆脱学习和注意力问题　/ 050

第二部分　结合作业和游戏的基础学习能力训练　053

第五章　视觉失调导致的相关问题与家庭训练　/ 057

　　第一节　视觉失调带来的相关问题及解决方向　/ 058
　　第二节　促进视觉能力改善的家庭训练游戏　/ 062

第六章　听觉失调导致的相关问题与相应的家庭训练　/ 067

　　第一节　听觉失调带来的相关问题及解决方向　/ 069
　　第二节　促进听觉改善的家庭训练游戏　/　　078

第七章　前庭觉的相关问题与相应的家庭训练　/ 082

　　第一节　前庭功能失调带来的问题行为　/ 084
　　第二节　促进前庭功能的家庭训练游戏　/ 087

第八章　皮肤触觉的相关问题与相应的家庭训练　/ 092

　　第一节　由皮肤触觉带来的错误行为与训练方向　/ 093
　　第二节　改善皮肤触觉问题的家庭训练游戏　/ 101

第九章 本体觉相关问题与相应的家庭训练 / 110

第一节 本体觉失调带来的问题行为 / 111

第二节 促进本体觉的家庭训练游戏 / 114

第十章 工作记忆相关问题与相应的家庭训练 / 116

第一节 工作记忆受损带来的相关问题及解决方向 / 119

第二节 促进工作记忆发展的家庭训练游戏 / 124

第十一章 我家的基础学习能力训练计划 / 130

第一步 确定训练目标 / 131

第二步 挑选训练游戏 / 132

第三步 挑选奖励方式 / 132

第四步 和孩子一起训练并记录效果进行总结调整 / 135

后 记 / 137

引 言

家长如何使用本书

　　一般来说，家长翻开这本书，很有可能是因为：

　　1.您通过各种渠道从老师那里得知孩子在学习、行为和注意力方面遇到了一些问题，但一下子又不知道该如何帮助孩子解决，因而希望在本书中找寻一些能够有所获益的方法。

　　2.您已经饱受孩子的学习与注意力问题之苦，各个方面传来的"坏消息"让您心力交瘁。您或许已带着孩子向各大医院或者许多机构求助，但效果均不明显。因此，您希望在本书中翻看到一两条训练的方法来试试是否有效。

　　3.您的孩子即将上小学，看到其他同事、朋友，或者家长群里的父母都在热火朝天地讨论孩子幼小衔接的种种问题，您也不由自主地想要提前了解孩子需要做哪些准备而翻开本书。

　　……

　　为了照顾不同家长的不同需要，我们特意撰写了不同的章节，并尽可能按照一定的逻辑排列。我们当然期待家长能够从第一个字开始从头至尾看完本书。如果您的时间、精力有限，而且目的明确，那么我们也有以下阅读建议：

如果您的孩子尚未入学，您是为了准备孩子的小学生涯而阅读，那我建议从第三章《学习与注意力问题的根源——你的孩子输在起跑线上了吗？》开始。如果您的孩子已经是小学一、二年级学生，并且在学习中遇到了一些麻烦，建议首先阅读第四章《孩子需要被训练，而不是批评和惩罚》。当然，如果您的孩子饱受学业及注意力问题的困扰，并且这个问题已经影响到家庭关系，甚至导致夫妻间相互指责或者一方愧疚自责等，那么我们建议您首先阅读第一章《父母需要得到帮助而不是被指责》。最后，如果您本身就是教育心理的熟手，能够很好地处理和经营亲子关系，只是在孩子的学习和注意力问题上暂时还没有找到问题背后的根源，那么第二章《分析儿童学习和注意力问题前的准备》的内容就非常适合现在的您。

另外需要说明的是，本书并不是讲解学习与注意力问题相关专业知识的理论书籍，而是通过案例、图片和比喻，来帮助家长解决儿童在学习与注意力上可能遇到的问题，并向家长提供一些容易操作、适合家庭的训练干预方法。本书从第五章开始，每个章节都会讲述一个影响儿童学习与注意力的具体方面，比如触觉、前庭觉、本体觉等。每一章先通过一些案例和图片，描绘与该感觉相关的孩子学业和注意力的表现，家长可以通过对照来判断自己孩子的学业与注意力问题是否与之有关。然后，本书会罗列出一些相关的家庭日常训练方法，以及开展这些训练所需要的条件、设施。最后，家长可以通过和孩子进行头脑风暴的方式，在众多方案中选择孩子比较感兴趣的一种，并添加游戏元素和趣味元素，形成在家训练解决孩子学习与注意力问题的计划与方案。

当然，需要再次提醒家长的是，如果孩子的学习与注意力问题已经比较严重,例如已经出现了逃学,说一句顶一句,吃不下、睡不着甚至失眠,对什么都不感兴趣,即便是曾经最喜欢的游戏现在也提不起劲,等等,或者在专业医院检查发现问题的程度已经达到中度以上,那么为了孩子的良好未来,建议您立刻寻求专业机构的帮助。

教师如何使用本书

除了家长之外,教师也可能是本书的受益者。作为一线教师,你一定见过这样一群孩子,他们虽然很聪明,但是在学习和上课的时候常常会给老师带来很多麻烦。比如他们通常很难持续地集中注意力,除非是他们特别感兴趣的事情,比如看动画片或者画画之类。他们常常会做各种各样的小动作。比如把橡皮戳出密密麻麻的小洞,或者是用牙齿把铅笔的一端咬得嘎嘎响,等等。而面对上课时老师发出的各种指令,他们的反应总会慢一拍,甚至会漏掉一些。比如,其他同学在老师的指令下已经打开书包,拿出语文书,开始朗读了,可他们却还停留在打开书包的阶段,然后在书包里翻找着似乎永远找不到的课本。

当遇到这样的孩子时,我相信所有的一线老师都会想要去和家长进行沟通,反馈孩子在学校的表现。但是我们经常会发现,这样的反馈并不能解决根本的问题。大多数情况下,孩子会因为教师和父母的双重压力暂时有所改善,可是两三天后又回复了原先的状态。如果遇到一些喜欢"脑补"或者"焦虑"的家长,教师的反馈还会成为家校关系紧张的导火索。

导致这一情况的原因是,家长并非专业的教育工作者,在教育孩子这件事情上,大部分家长比老师懂得更少。当教师向家长反馈孩子的糟糕表现和错误行为的时候,教师是寄希望于家长能够出力来解决这个问题。但实际上,大多数家长并不知道该如何恰当地解决这些问题。如果教师不能指导家长在发现问题与解决问题之间架构起有效的桥梁，那么反馈问题除了激发家长的心理防御机制之外，并没有太多的效果。

使用本书的老师可以通过每个章节中的案例来与目标学生比对，从而对导致学生学业与注意力问题的原因有一个最基本的判断。然后，老师可以与家长沟通学生的在校表现，并引导家长了解背后可能的诱因，在家庭中做进一步的观察。

最后，建议家长寻求专业机构或者专业人士的帮助，以确定影响孩子的学习和注意力问题的因素到底有哪些，并鼓励和推动家长针对性地开展相应的干预。

第一部分
儿童学习与注意力问题的分析与辨别

每一位家长都希望自己的孩子能够拥有健康的身心和优异的学业成绩,但的确我们也常常遇到为数不少的家长专程前来咨询孩子的学习及注意力问题。家长们普遍的描述是:这些孩子虽然聪明有天赋,但是常常因为作业问题而引得家长大为光火,比如字迹潦草,坐姿歪斜,没做几道题目就要离开座位一下,等等。尤其是他们会莫名其妙地做错一些非常简单的加减法题目,而让他们再做一遍的时候,他们又能准确地做出来。除了学业质量问题之外,这些孩子往往还会因为行为和注意力的问题引发家庭争论和矛盾。特别是当家长提醒他们该去做一些事情,比如按时睡觉、完成作业、背诵课文的时候,他们总是要被催好多遍才会有回应,或者即便有了回应,却依旧拖拖拉拉地不去做。

当孩子出现上述情况的时候,大多数的家长会把"问题"的产生归因于孩子"不听话"上。为了让自己的孩子能够"迅速"地"听话",并且"准确"地完成家长和老师的指令要求,家长们用尽了各种已知的办法,例如奖励、批评、惩罚、说教、提醒、让孩子自己承担后果等。然而事与愿违的是,尽管家长们用尽了已知的各种办法,但孩子们依然无法完全做到家长希望的"听话"。

更糟糕的是，在父母和孩子因为学习与注意力问题引发的一次次教育交锋中，原本应该充满温暖、欢乐、阳光的亲子关系开始逐渐碎裂，家庭氛围开始走向冰冷、对立和违抗。在这种糟糕的亲子关系下，孩子逐渐从排斥批评、排斥努力、排斥学业，走向排斥父母的教育，排斥父母和家庭，甚至排斥自己；而父母不仅没有体验到和孩子一起成长的天伦之乐，生活中更是充满了焦虑、愤怒、悲观无助和抱怨自责。

作为一名工作在小学一线的心理教师，在这 15 年的时间里，我见过太多在孩子面前似乎非常强势、果决和坚定的父母，却因为孩子的学业和注意力问题导致的恶劣亲子关系和心理障碍等糟糕困境而失声痛哭的场景。这些父母们一方面眼睁睁地看着孩子学业失败，而在情绪困境中反复挣扎，却无计可施；另一方面他们又不断为自己过去那些可能造成孩子心灵痛苦的家庭教育感到焦虑和自责。

在面对饱受恶劣亲子关系和严重心理危机折磨的孩子时，用糟糕的结果去指责父母一直以来的教育过程不当，是有失偏颇的。事实上，任何父母在主观上都希望自己的孩子能够品学兼优，身心健康。因此，他们为教育孩子所做的每一个行为，可能都是当时他们知道的所有方法中，自认最有效的一个。而可能存在的更有效的方法，那个时候的家长尚未学会。所以，面临孩子学业和注意力问题的家长更应该得到帮助、分析和指导，而不是被评论、指责或者批评。

第一章
父母需要得到帮助而不是被指责

就我所看到的,随着心理学和儿童发展心理学的不断普及,当下社会公众越来越多地意识到原生家庭对于一个人的发展具有极其重要的影响。因而每当新闻媒体或者小道消息开始流传某个儿童的种种心理障碍和危机事件时,当事儿童的父母往往会被社会、媒体、教师、家庭教育评论员等各个群体责备。尤其是在讨论孩子为何会出现如此糟糕状态的时候,大部分的社会言论要么指责父母没能花更多的时间去陪伴孩子,要么指责家长的家庭教育过于简单粗暴,要么就是指责家长把自己的焦虑传递给了孩子……

　　过度强化和片面宣传"孩子的问题都是家庭的问题""父母是孩子的原件，孩子是父母的复印件""每一个问题儿童的背后都有一个问题家庭"等标语和口号，那俨然就把父母的教育行为甚至父母本身的个性、气质和关系都划到了导致孩子心理危机和亲子问题的行列中，使得年轻的父母，尤其是孩子遇到学习与注意力问题的年轻父母，越来越陷入不知道该如何教育孩子的迷茫和无助之中，有的家长甚至会由此陷入深深的自责

为什么要帮助父母？
——当下许多父母正在经历从着急、心烦到绝望无助的心理变化

作为一位心理教师和两个孩子的父亲，我不仅完全能够理解那些父母情绪崩溃、心如刀割般的撕裂感，更明白这些父母在孩子早期，比如小学一年级时，面对孩子学业状态的那种矛盾与迷茫，也深刻了解他们是如何一步步走进这个令人痛苦和受折磨的状态。

遭遇孩子学习与注意力问题而导致内心挣扎的父母，在孩子进入小学以后，会逐渐开始感受到因孩子的学习和注意力问题而带来的心理冲突。首先，是面对孩子字迹潦草、作业拖拉时的着急；然后是自己的时间和精力不断被孩子的学业所牵扯时的心烦意乱；接着会在耐心教育和气急败坏之间来回摇摆，内心也逐渐在"我一定要让你认识错误"的挑战感和"孩子自己不想，我们怎么努力都没用"的挫败感之间反复交替；最终，父母在无止境的反复中变得绝望、无助和无能为力，而我们的孩子则在这个反复的过程中情绪崩溃，变得歇斯底里，甚至焦虑抑郁。

事实上，用最后的结果去指责父母的教育不当一定是有失偏颇的，尽管目前有许多心理学家一再表示："孩子的问题都是父母的问题，都是家庭的问题。"但不可否认的一点是，在这样的恶性循环中，我们的父母决非故意或者恶意制造出了这些问题。在我所接触过的2000多个学困生家庭中，绝大部分父母都有一颗"努力成为好父母"的心。不然我们就无法解释为何这些父母会陷入"努力不生气——没法不生气——努力消消气"的自我矛盾中。即便到最后，他们和孩子共同陷入糟糕的亲子关系的泥潭中时，许多家长依然不断地试图让孩子走向阳光、健康与自立。

因此，如果社会和家长们过度聚焦父母的教育行为对学困孩子成长的负面影响，过度强化和片面宣传"孩子的问题都是家庭的问题""父母是孩子的原件，孩子是父母的复印件""每一个问题儿童的背后都有一个问题家庭"等标语和口号，那俨然就把父母的教育行为甚至父母本身的个性、气质和关系都划到了导致孩子心理危机和亲子问题的行列中，似乎父母和原生家庭是导致学困儿童心理危机的罪魁祸首。如此一来，年轻的父母，尤其是孩子遇到学习与注意力问题的年轻父母将会越来越陷入不知道该如何教育孩子的迷茫和无助之中，甚至有的家长会由于认同这些指责，内心陷入深深的自责。

父母应该得到帮助而不是被指责
——几乎每一个父母，都在用自己知道的最好的方式教育他们的孩子！

没有两位家长会拥有一模一样的生活环境和遗传密码。不同的生长环境、不同的个性气质、不同的人格学识，以及不同的人生感悟、生活经历……种种的不同使得每一位家长的自身状态和教育理念存在着差异。这些差异在外人看来是如此明显，可对本人来说却又是如此地令人难以察觉。

一位母亲曾经在我面前对自己厌学的孩子说："孩子，你现在讨厌学习，是因为你没有享受到学习的快乐。学习是很快乐的，当你完成作业的时候，当你解开题目的时候，那是多么的快乐。所以，你必须找到学习的乐趣！"

显然，这样的教育对于她的孩子来说是无效的。我们大可以把这样的教育方式命名为"说教"，并且把这个孩子的种种问题归结到"妈妈总是用说教的方式教育孩子"这一点上。但是，我必须要提醒持这样观点的人注意三点：

第一，这位妈妈的教育意图，是希望自己的孩子在学习中能够找到快乐，

许多专家会习惯性地把孩子的某些问题行为归因于家庭教育的"简单粗暴",并以此来批评家长实施家庭教育中的不当。他们不曾考虑每位家长其实都已经用了当时自己觉得最佳的方式在教育孩子了,至于那些比说教、惩罚、打骂、命令、交易等更好的教育方式,父母可能还没有掌握

从而减轻学习压力，快乐自主地学习。这个目标显然是正确无误的。

第二，一位从未经历过任何教育与心理专业培训的妈妈，能否主动地意识到还有比"说教"更有效的科学方法，让孩子找到学习的乐趣，从而快乐主动地学习？答案显然是否定的。

第三，这样一位妈妈，如果明明知道还有一些更适合她与孩子的、更明显有效的教育方式，她还会故意采用无效的教育方式吗？答案恐怕依然是否定的。

所以，尽管我们依然可以强调"孩子的所有问题，最终一定都是家庭的问题"，但是我们没有权力用最后的结果去苛责父母的教育不当。因为无论父母具有怎样的文化背景、社会阅历以及人生经验，他们都是第一次承担这个世界上最困难的工作——迎接并抚养一个孩子健康长大。换句话说，在教育孩子这个工作中，每个父母都是"实习生"。即便当下许多家庭都有了二宝，但对父母而言，同时养育多个孩子本身依旧是一项从未经历过的工作。

事实上，任何父母在主观上都希望自己的孩子能够品学兼优，身心健康。因此，他们为教育孩子所做的每一个行为，都是他们所认为的，所有已知方法中最有效的一个。而可能存在的更科学有效的方法，那个时候他们尚未学会。

期盼每一位家长都能走出自我否定和内疚，不再纠结于过去错误教育方式给孩子造成的影响，而是把目光聚焦于未来，通过学习、交流和咨询去找寻更多的办法来解决问题。毕竟，过去的创伤我们无法改变，而未来却尚有幸福可期。

第二章

分析儿童学习和注意力问题前的准备

对具有学习与注意力问题的孩子开展科学、有效的家庭教育,本身就是一件非常不容易的事情。一方面,家长除了需要一般的家庭教育技巧和方法之外,更需要一些学习和注意力发展方面的专业知识和技能。另一方面,家长还要克服亲情和依恋所带来的那种不由自主地把孩子所面临的挑战看作是自己困境的冲动,以保持实施家庭教育时的客观和理性。

因此,在面对孩子的学习与注意力问题之前,家长可以先在纸上列出四个预备步骤,作为帮助自己和孩子摆脱因学业和注意力问题而带来的麻烦的前期准备。

在父母意识到孩子遭遇了学习和注意力问题之前，我们其实已经被这个糟糕的问题影响到了。还记得我们是如何发现孩子的学习和注意力问题的吗？一般而言，往往是在家长发现孩子的学习行为或者学习成果与家长的预期状态不太符合的时候。从心理学的角度来说，人类的负面情绪往往来自实际结果与预期理想状态的比较，当我们得到了不希望得到的结果，或者我们期待的结果没法实现时，便会产生负面情绪，甚至会发火。

第一步　管理自己的负面情绪

当家长从老师那里得知自己的孩子在学校课堂中的表现异于其他儿童时，几乎每一位家长都会瞬间冒出许多负面情绪。我们完全能够理解家长面对孩子糟糕状态时候的焦虑、愤怒和无助，但是在大部分情况下，这些负面情绪并不能帮助我们或者帮助孩子变得更好，反而会让我们在不知不觉中陷入怀疑、否定、悲观和失望的陷阱里。因此，当您从老师那里了解到孩子有着种种糟糕的表现而变得着急或者愤怒时，您可以像闻花香一样先深深吸一口气，让呼吸暂时停止一到两秒钟，然后像吹蜡烛那样把气吐出来。反复几次后，您会发现自己开始渐渐平静下来。这很好，因为只有我们的情绪逐渐平静下来，冷静的思考和理性的分析才会慢慢回到大脑中。

缓和内心的负面情绪后，家长要去识别脑海中所冒出来的种种糟糕念头，究竟是真实的现实，还是我们的担心与推论？举个例子，曾经有位焦虑的母亲找到我，咨询孩子的学业和注意力问题，当说到孩子常常在课堂上随意跑出教室，逼得老师要停下讲课去找孩子回来的时候，妈妈焦虑地说：

当家长从老师那里了解到孩子有着种种糟糕的表现而变得着急或者愤怒时,您可以像闻花香一样先深深吸一口气,让呼吸暂时停止一到两秒钟,然后像吹蜡烛那样把气吐出来。反复几次后,您会发现自己开始渐渐平静下来。这很好,因为只有我们的情绪逐渐平静下来,冷静的思考和理性的分析才会慢慢回到大脑中

"孩子总是这样跑出教室,老师一定会觉得孩子是个另类,同学们也会不喜欢他,不和他一起玩,他以后就会很自卑……"

如果只是听妈妈讲,可能很多人会觉得妈妈的担心很有道理,但如果我们细细分析妈妈的话,就会发现除了孩子总是跑出教室之外,后面所有的糟糕画面几乎都是妈妈的"脑补",都是未曾发生的"推论"。换句话说,妈妈的负面情绪所指向的,其实是自己想象出来的可能发生但还没有发生的场景。

有家长可能会疑惑:对未来可能发生的事情感到紧张、焦虑和担心不是很正常吗?焦虑,其实有两种状态,而家长把它们混杂在了一起。

一种焦虑状态叫"对未来发生事情的焦虑",这里的"事情"虽然还没有发生,但我们知道它一定会发生或者计划会发生。比如孩子对于明天的中考感到紧张,选手对即将登场的比赛感到焦虑,等等。你看,中考虽然还没有发生,但我们知道明天一定会发生;比赛虽然还没有开始,但我们已经计划好了马上要上场。所以这样的焦虑和紧张是很正常的,是人之常情。

还有一种焦虑状态叫作"对可能发生事情的焦虑",这里的"事情"并没有发生,只是可能会发生。比如,父母焦虑孩子在学校可能受欺负,担心孩子明天的考试成绩可能不理想,等等。既然是可能,显然就是不确定的。瘦弱多病的孩子在学校可能受到欺负,也可能被全体师生尽心呵护;孩子明天的考试成绩可能不理想,可是成绩优异也是有可能的。就像案例中的妈妈所担心的,面对总是跑出教室的孩子,老师可能会觉得孩子是个另类,因而讨厌他,然而也可能老师会觉得这个孩子与众不同,从而同情、照顾他。同学可能会不喜欢他,当然也可能会包容和照顾他……在这种情况下,将可能发生的事情当作一定会发生的事情来作为焦虑的对象,显然是不符合一般常识的,当这样的焦虑出现

　　导致父母逐渐变得焦虑的原因，并不是孩子的一些糟糕行为，而是父母看到这些行为之后，在脑海里冒出来的一系列现在还没有发生，但以后可能出现的糟糕后果。为了避免这些后果真的发生，许多家长常常会忍不住去教育孩子。但这恰恰违背了教育的原则。因为没有发生的事情，是不可以拿来做教育的

时，才是我们家长真正需要管理和处理的。

　　所以，当听到孩子不如人意的行为和表现之后，家长要先去识别自己内心的负面情绪是真还是伪，然后通过放松、调适让自己平静下来，把目标指向分析和解决问题上，而不是追究责任或者陷入想象的陷阱。

第二步　把孩子的糟糕状态分解成具体化的行为

当我们情绪平和、理智回归之后，我们要做的第二步是把孩子的糟糕状态分解成一个个具体化的行为。为什么呢？因为对于儿童来说，具体的行为是实实在在的，明确清晰的，比较容易改变的；但是糟糕的状态却是比较虚幻模糊的，不能精确把握的，因而也是难以改变的。比如，我们对孩子说下面两句话：

"多喝水，别让自己口渴！"
"每隔一个小时去喝一杯水！"

显然，"口渴"就是一种糟糕的状态，而"别让自己口渴"和"每隔一小时去喝一杯水"比起来，后者更加容易让孩子去执行。

很多时候，家长得到的关于孩子的表现往往是一些比较宽泛的、抽象的信息。比如下面这个案例：

"xx家长，你们家孩子上课状态很不好，注意力不集中，小动作比较多，经常听着听着眼睛就低下去了，也不知道在看什么。作业本上的字写得乱七八糟。课堂上布置的作业，人家孩子已经做完了，他还没开始做，而且要催好多遍才交，相当拖拉。"

从这一段老师的话中我们可以看到，教师在和家长沟通的时候，是把孩子的具体错误行为概括和提炼为一个个抽象的学习状态来反馈的。这样做的好处在于沟通重心清晰，内容明确。比如在这个案例中，家长可以知道老师要反馈的问题有五个方面：注意力不集中、小动作多、眼睛不看黑板、字写得乱七八糟、作业拖拉。但是，提炼和概括同时也让家校的沟通失去了很多行为的具体细节。比如，孩子的小动作比较多，那这个小动作具体指的是什么？是手上拿着笔、尺当飞机在玩？还是用铅笔把橡皮戳出一个个洞？又或者是专心地剥自己手指上的皮，咬指甲、铅笔杆、衣角？再比如孩子字写得乱七八糟，那这个乱是指孩子的字总往一边斜，不写在格子中心？还是字迹笔画歪歪扭扭，横竖撇捺难以分辨？又或者是字形结构混乱，有的时候字某一部分特别大，而有的时候另一部分又和旁边的字粘连在一起？

大部分家长并不习惯去具体化孩子的问题行为，很多时候家长是把老师反馈的抽象"状态"当作教育目标来实施教育的。例如我们常常可以听到家长教育孩子"上课要认真""注意力集中""字写端正"等，但事实上对于孩子来说，这样的教育其实是无效的，因为他们无法把家长的要求自动转化成为可操作和可执行的指令。

以"小动作比较多"为例，我们可以做一个具体行为和抽象状态的对比。如果我们不把孩子的糟糕状态分解为具体的行为，那么我们教育孩子的指令是："上课认真听讲，不要做小动作。"但如果我们把"小动作比较多"分解为具体的行为（如上课会用铅笔把橡皮戳出一个个洞），我们教育孩子的指令就会变成："上课的时候你会不自觉地用铅笔去戳橡皮，所以请把橡皮和铅笔放在铅笔盒里，并放入抽屉。如果你觉得手上不拿点什么难受，你可以捏捏课桌的面板。"我们可以想象一下，对于孩子来说这两个指令哪一个执行起来会更加明确和清晰？

每次面对家长的咨询，我都会建议采用"行为三联表"来帮助他们把孩子的糟糕状态分解为孩子的具体行为。"行为三联表"由三个帮助思考的问题组成。

◆ 第一个问题：我的孩子具体是做了什么行为？

- ◆ 第二个问题：老师/家长/同学对这个行为有什么反应？
- ◆ 第三个问题：面对老师的教育，我的孩子又做了什么行为？

我们可以把这三个问题设计成一张表格，这样，不论是和老师沟通，还是自己在家里或者进入学校观察孩子的表现，都可以将其一些具体行为有逻辑、有条理地记录下来，亦或者把表格发给老师，请老师帮忙把孩子的糟糕表现记录下来。

XX 孩子学校/家庭行为三联表[①]

孩子的具体行为	老师/家长/同学对这个行为的反应	孩子收到反馈后的行为
孩子拿出橡皮，用铅笔在橡皮上戳洞，并把橡皮屑抹到地上	老师走过去，用手指在桌上点了两下	孩子手里握着橡皮和铅笔，马上坐端正
一分钟左右，孩子再次低头，拿出橡皮，用铅笔在橡皮上戳洞	老师走过去，让孩子站起来回答问题	孩子手里握着橡皮和铅笔，低头站着，不会回答
坐下后，孩子把橡皮、铅笔放到铅笔盒里，坐端正。几分钟后，又拿出橡皮和铅笔，再次戳洞	老师走到孩子身边，把橡皮和铅笔放进铅笔盒，把铅笔盒拿到讲台上	孩子沮丧，低头，剥手指
……	……	……

[①] 改编自《ABC 行为观察记录表》

第三步 找到并记录孩子重复出现的错误行为

许多父母急切地想要知道该如何解决孩子的问题。事实上，当我们不知道孩子为什么会犯错误的时候，我们所有的解决问题的办法都是盲目的。这就好像我们的车坏了，要想修理好它，就必须先知道是具体哪个零部件出了问题。所以，当家长用具体化的方式把孩子的错误状态分解成为一个个错误行为之后，我们就可以看到孩子的错误行为大致可以分为两种类型：一种是零星散布的偶发性错误行为，一种是反复出现的重复性错误行为。所谓偶发性错误行为是指孩子零星发生的错误行为，并且这个错误行为与其他的错误行为之间没有什么关系。比如说，某一个孩子的计算正确率一直很稳定，但是在某一次考试的时候，他算错了好几道题目；或者孩子的课堂表现一直良好，今天数学课上却注意力不集中，精神比较恍惚；等等。一般来说，偶发性的错误行为往往与外部环境的变化有着直接的关系，比如考试难度突然加大，题目的布局发生了改变，教室更换了座位，同伴之间发生了冲突事件，甚至父母关系的突然变化，偶遇车祸等重大灾难，等等，都会诱发孩子偶发性的错误行为。

一般来说，偶发性错误行为的改变是比较简单的，通常情况下只需要和孩子描述一下我们所看到的具体的问题行为，并告知错误行为可能带来的后果，就能有效地支持孩子调整，甚至有的时候家长让孩子自己去尝试从错误中走出来，也是一种很好的成长支持。这里需要提醒家长们两点。第一，偶发性错误是偶发的，不需要因此小题大做，斤斤计较，过度教育。第二，不过度教育，并不意味着家长自己不需要分析孩子偶发性错误背后的原因。一方面，大部分的重复性错误行为几乎都是由偶发性行为逐渐演变过来的；另一方面，很多时候引发孩子产生错误行为的外部因素已经被替代或消除，但这些外部因素对孩

不要因为孩子屡教不改而火冒三丈,觉得自己已经教育到位了,剩下的都是孩子的主观态度问题。事实上,每一个屡教不改的错误都是一个不断被释放的信号。只要家长没有解读清楚这个信号所传达的信息,孩子错误就会继续屡教不改。换句话说,每个屡教不改的错误,都是对家长的提醒——你还没有解开这个错误背后的密码和意义。

子的影响却可以持续很久。所以，家长分析孩子偶发性错误背后的原因，一方面可以更好地去理解和把握孩子的错误，即所谓看破不说破；另一方面可以记录下对孩子产生影响的外部因素，为今后重复性错误可能需要的溯源提供材料。

和偶发性错误行为相比，儿童的重复性错误行为更让父母和老师感到头痛，不少家长甚至用"屡教不改"这样的词语来表达自己恨铁不成钢的懊恼。家长往往采用应对偶发性错误行为的教育方式来应对孩子的重复性错误行为。显然，这种"简单描述错误行为，告知错误后果"的方式并不足以支持孩子改变。这时候，我们就需要增加一个关键的步骤：分析重复性错误背后的原因。

儿童对一个错误行为"屡教不改"一定是有原因的。任何一个孩子都希望自己在父母和老师眼里是一个有价值的孩子，所以当他们清晰地知道父母和老师的期望时，他们往往都会努力去实施这个期待的行为。以前面戳橡皮的孩子为例，当老师"走过去，并且用手指在桌上点了两下"的时候，我们可以观察到，孩子"手里握着橡皮和铅笔，马上坐端正"。可见，孩子领会了老师的提醒，并且努力按照老师所期望的要求去做。但是正在上课的老师并没有时间去分析孩子戳橡皮的行为背后的原因到底是什么，所以老师简单的提醒，甚至是暂时拿开铅笔和橡皮的行为，对这个孩子来说，都是无效的教育方式。

在家庭生活中，父母们也常常遇到这样的情况，在没有分析清楚孩子错误行为背后的原因时，无论采用怎样的教育方式，结果必然都是无效的。所以很多前来咨询的父母会说："我们打也打了，骂也骂了，压着火气好好跟孩子谈也谈了，但孩子还是老样子。"更糟糕的是，虽然教育无效背后的原因是父母没有分析清楚孩子错误行为，但是许多父母却将其归结为"孩子就是不听话，不要好，态度不端正"等儿童的主观态度上，于是更加努力地把精力和时间花在"扭转孩子态度、让孩子知道要听话"这个错误目标上。教育方向和目标的南辕北辙，使得父母花费的精力和时间越多，教育的效果就越差，甚至起到反作用。

第四步　根据孩子的重复错误行为分析背后的根源

当我们收集了一系列儿童的重复性错误行为之后，我们就可以尝试着去分析这些行为背后的根源了。让我们来看以下案例。

儿童行为	教师或同学的反应	儿童对反应的反应
宋老师让小唐把书包放进书包柜，小唐不肯	宋老师带着小唐一起放书包	小唐大叫，跑回座位上大哭，挥手
宋老师没报到小唐的名字，小唐就出来打饭了。宋老师让小唐先回去，小唐不肯，后退，不让宋老师碰	宋老师让小唐排在两个男孩子后面	小唐挥起筷子要打同学
孩子们要一起上体育课，小唐扭头，转身，说道："我不去，我不要上。"	宋老师严肃说道："就算你不想上，也要跟着班级同学一起活动。"拉着小唐去操场	小唐站在台阶上不参加活动，离开集体一段距离。老师多次劝小唐回队伍，小唐跑开，表示抗拒

小松说今天中饭有冬瓜和毛豆，小唐突然大声哭了起来	宋老师带小唐去办公室并询问原因，小唐一直哭泣不说	宋老师用严厉的语气再次询问："是不是因为你不想吃冬瓜？不想吃可以提醒陈老师少装点。"小唐有点安静下来
宋老师让小朋友端正坐在位置上，小唐在课堂中大声说："我不要！"	宋老师走到小唐旁边，示意小唐坐下	小唐反抗，不愿配合
小唐突然放声大哭："笔盒破了，我不要了！"	宋老师看到小唐的笔盒拉链开了，里面的笔散落出来，"没关系的，只是笔盒拉链开了，你把笔重新装进去就好了。"	小唐不听，开始摇晃凳子，用力敲打
小唐吃完苹果后将苹果皮和餐巾纸随手扔在地上，宋老师让小唐用餐巾纸把苹果皮包好并扔进垃圾桶。小唐扭头挥手说："我就不要！"	宋老师用严肃的语气再次要求小唐清理地面，并拉起她的手，请她起身打扫	小唐仍坐在凳子上，不肯起来
小唐一早到教室，把外套脱掉了。宋老师让她穿上外套，小唐低下头说"我不要穿"	宋老师说："所有小朋友都穿着外套，现在天气冷，会感冒的。"边说边把小唐的外套从抽屉里拿出来，想帮她穿上	小唐突然挥手大叫："我不要穿！"把衣服丢在了地上
……	……	……

以上案例中，如果我们只是单独拿出其中一件事情来看的话，比如只看第一件事情，那么家长和老师是大概率无法确定孩子错误行为背后的原因到底是什么。所以，我们需要把三联表上所有的事情整合联系起来。于是我们就会发现一个常常出现的关键词"不"。在第一栏儿童行为栏里，我们几乎可以看到大量的"不"，不肯、不去、不要等，几乎所有的后续冲突都是源自于"不"之后的干预。由此，我们可以判断，小唐对于发生的事情与自己的预判不一致时，她就会爆发情绪反应，并且抗拒这件事情。如果用一个直观的说法就是：小唐要么合意，要么抗拒，就是没有妥协。显然，这个预判可能与家庭关系或者家庭教育有关。父母和老师就可以往这个方面进行更加深入地探索，以搞清楚是什么在影响孩子，导致她不愿妥协，然后再针对背后的根源进行处理。

第三章

学习与注意力问题的根源
——你的孩子输在起跑线上了吗？

每年9月1日，都会有一群稚嫩又可爱的孩子，带着甜美的笑容被爸爸妈妈牵着小手踏进小学的校园。彩色的气球，欢快的人群，明亮的教室，快乐的孩子……这美好的一切让绝大部分的家长沉浸在孩子"升级"的兴奋中。当年轻的父母们为孩子成为小学生而热情鼓掌时，又有多少家长能够清醒地意识到，自己那个仍然懵懂的孩子即将面临至少长达12年的充满挑战的学业竞争与压力？当父母们在为孩子准备书包，购买文具，讨论还要为明天上小学的孩子准备什么礼物的时候，又有多少家长讨论过自己的孩子是否已经完全做好了迎接学业压力挑战的准备？

每年9月1日,父母都充满期望地看着自己的孩子带着甜美的笑容第一次踏进小学校园。却不知,这群同一天上学的孩子,其实并不处在同一个起跑线上

很少有家长会在孩子刚入学的时候，就为孩子可能遭遇到的学习和注意力问题做好相对应的准备和预案。更多的家长愿意相信在孩子进入小学后能够很好地适应小学的学习生活。然而，一项针对杭州市余杭区小学一年级学生的调查数据显示，在 2010 年 9 月入学的 1131 位孩子中，至少有 32.6% 的儿童无法胜任小学的学习任务。[①] 这些孩子在进校三个月后，常常表现出课堂上无法持续地集中注意力，听课效率低下；或者作业拖拉磨蹭，字迹潦草，每天完成作业就像打仗一样；或者课堂上小动作不断，书包桌面脏乱，行为习惯糟糕；等等。

面对这些错误行为，大部分家长的普遍做法是把问题归结为孩子上课不认真，作业不认真，书写不认真等学习态度不端正上，却极少去考虑一个更为潜在的问题：我的孩子是否已经做好了适应小学学习生活的准备？

别让孩子输在起跑线上
——孩子的起跑线到底在哪儿

"别让孩子输在起跑线上"这一句极具鼓动性的教育口号，曾经风靡一时，后又被不断批判，最后逐渐冷却。在狂热散尽之后，我们不妨再来理性地思考审视这句话的含义。不得不说这句话形象地表达了一、二年级儿童面临学业任务挑战的现状：当大部分孩子站在起跑线上准备开始长达 12 年甚至更久的学业上的马拉松长跑时，还有一部分孩子甚至连起跑线在哪里都不知道，更不可能在起跑线前做好了充分的准备。

那么到底孩子的学业上的起跑线在哪里呢？想要理解这一点，我们就要先

[①] 王美英，《杭州市余杭区学龄前儿童感觉综合失调与家庭环境的相关研究》（余杭区妇幼保健院）

孩子的起跑线到底在哪

理解对于一个孩子而言，学习到底是一个怎样的过程。

父母们可以闭上眼睛，设身处地地想象一下，当一个一年级的孩子进入教室开始上课的时候，他所面对的是怎样一个复杂的信息世界。除了教室黑板上的板书之外，他的眼睛还能看到教室墙上的照片、教师的衣着和肢体动作、窗外的柳树和小鸟、教室的灯光、门外的阳光、电子屏幕的图标，教师讲台上的粉笔露出了半支，左边同学的文具袋换了新的颜色……而孩子的耳朵，除了老师讲话的声音之外，他还能听到同桌书写时笔尖与纸面摩擦的"沙沙"声、铅笔掉落的"啪嗒"声、后面同学挪动椅子的"吱吱"声、窗外的风声、老师的脚步声、电子屏幕的电流声、隔壁班的朗读声和欢呼声……因此，刚跨进学校大门的孩子，在学习过程中首先就需要在如此纷乱繁杂的众多信号中，依靠自己的能力去捕捉目标信号，并且排除其他信号所带来的干扰。

捕捉信号只是学习活动的第一步，在儿童准确捕捉目标信号之后，他们面临的第二步是把信号准确地传输到大脑的中枢皮层，并且唤醒大脑皮层准备对信号进行相应的处理。此时，神经通路的宽窄和神经递质的传输能力，都会影响儿童的学习能力。学习的第三步是处理和加工的过程，在心理学上也被叫作"认知加工记忆过程"。在这个阶段，儿童需要把传输到大脑皮层的信息储存在短期记忆中，并随时进行调用、加工、整合、建构。学习的第四步是储存与记忆，即把建构完成的知识系统储存在长期记忆中，以便今后使用。学习的第五步则是表达，学生用书写、讲述的方式，将学习的成果展现出来。

也就是说，当儿童执行学习任务时，无论是听课、作业、讨论，还是练习、考试等形式，所有学习任务的本质都是收集信息、传输信息、处理信息、储存信息和表达信息的过程。这也就意味着，对于我们的家长来说，在孩子上小学

当儿童执行学习任务时,无论是听课、作业、讨论,还是练习、考试等形式,所有学习任务的本质都是收集信息、传输信息、处理信息、储存信息和表达信息的过程

前,其收集、传输、处理、储存、表达信息的能力——开展学习任务的基础能力,才是儿童漫长学习马拉松的起跑线。

构成学习起跑线的第一部分
——学习信号的捕捉和收集能力

心理学常常会用智能机器人来比喻正在学习的儿童。当一台智能机器人开始工作的时候,首先需要用到摄像头、麦克风来输入所要学习的内容。如果摄像头的像素很低或者麦克风的信噪比很低,那么所拍摄的画面和收集的声音就不会很清晰。如果摄像头的远焦系统出了故障,无法准确对焦远方的图像,导致拍摄的图像模糊,那就是我们常说的"近视眼"。儿童的视觉和听觉就相当于电脑的摄像头和麦克风,在学习任务中大脑所获得的70%以上的信息需要依赖它们的功能。如果孩子在上小学之前,视觉和听觉没有得到良好的训练,那么在开始学习任务的时候,就常常会出现信号扭曲、信号失真、信号丢失,或者信号串道等导致孩子看错漏看、听错漏听的问题。

那么,是不是孩子在读小学前视力和听力良好,不聋不瞎就意味着孩子的视觉和听觉已经做好了准备呢?并没有那么简单,事实上,视力和视觉是两个不同的概念。视力是指儿童的眼睛分辨物体的形态、大小及细微结构的最大能力。视力下降代表着儿童无法清晰地看到目标物体。而视觉则是我们对所看到的物体进行追踪、分辨、处理的能力。用一个简单的例子就可以说明这一点。我们都知道有色盲的存在,色盲是一种视觉分辨障碍,比如红绿色盲的人群是无法分辨红色和绿色的。但是我们会发现,许多患有色盲的人,视力非常好,看东西非常清楚。所以一个视力良好的孩子并不一定能够在两张相似的图片中准确快速地找到不同点，而一个近视或者弱视的孩子经过训练却能够轻松快速地做到。

我们还是以智能机器人为例。即便我们给机器人配备了最高像素的摄像头，一旦摄像头无法对准我们要拍摄的东西，那机器人依然无法获得需要的图片信息。这个控制摄像头对准要拍的画面的能力就叫作视觉注意力。光有注意力还不行，有的时候拍摄的东西是在不断运动的，所以我们还需要视觉追踪能力来确保我们盯着的运动物体始终能被我们拍到，同时还需要精细的分辨能力来确保拍摄的是我们需要的那个目标，而不是外表相似的另外一个。如果机器人的摄像头工作十几分钟就要停机散热那就会导致拍摄的过程持续拖延，所以我们需要培养视觉持续时间。当然，在拍摄的过程中，还有很多其他有趣的东西同时出现在摄像头面前，这时就需要视觉抗干扰能力来保证拍摄过程不受影响。

视觉如此，听觉也是一样。对于儿童来说，视觉和听觉是一个包括了分辨能力、观察能力、分配能力、抗干扰能力、注意力等各种能力相互统合的系统。就像在电脑上，摄像头和麦克风还需要和显卡、声卡以及驱动软件进行配套，形成完整的视听系统来发挥作用。这个系统中的任何一个部分出了问题，都会对电脑的运行造成干扰。同样，儿童视听系统的任何一个能力没有达到进入小学的标准和要求的话，那么儿童入学后就容易遇到各种学习和注意力问题。

构成学习起跑线的第二部分
——学习信号的传输和筛选能力

当孩子们的视觉、听觉能准确、持续地捕捉和传输学习信号之后，我们就需要把这些信息传输到大脑去进行处理。在这个传输的过程中，孩子们能不能

前庭觉类似于古代的门房或者现在某些单位的保安,他们负责筛选外来的人员(信息)是否需要业主(大脑)出来接见、处理。

准确无误地传输信号？信号会不会丢失或者失真？这依赖于孩子们第二个学习基础能力——信号的传输和筛选能力。以我们常见的电脑为例，当我们用摄像头拍摄图片，或用麦克风录制声音之后，电脑往往会先对文件进行扫描和判断是有用文件还是病毒，这个功能在电脑里被叫作"防火墙"，对孩子来说，这种判断识别能力叫作"前庭觉"。前庭觉类似于古代的门房或者现在某些单位的保安，他们负责筛选外来的人员（信息）是否需要业主（大脑）出来接见、处理。因为我们的大脑运行的时候需要消耗大量的能量，如果随便什么乱七八糟的信息都需要大脑来进行加工处理，那我们的大脑就会疲惫不堪。所以，前庭觉会对视觉和听觉捕捉到的信息进行区分，屏蔽冗余和无效的信息，放行重要和有效的信息，以提高大脑的运算和处理效率。可是，并不是所有孩子的前庭觉（防火墙）都经过了良好的训练。有的孩子的防火墙过于灵敏和严格，那就会把很多有用的信息当作冗余信息误删，这就造成孩子对很多信息视而不见，听而不闻。而如果防火墙的灵敏度不足，那又会造成许多冗余信息，甚至"病毒"大量地进入大脑，降低大脑的工作效率以至于类似电脑的瘫痪死机。这就是很多孩子在学习的时候会被外界的一点点风吹草动干扰，或者发呆走神的原因。

除了前庭觉会影响学习信息的传递之外，神经通路同样是影响儿童学习信息传递的重要功能。我们可以用网络宽带来比拟儿童的神经通路。相信许多家长都体验过网络卡顿的痛苦：文件下载不全，网站打开出错，图片只能显示一半，原本流畅的画面变得支离破碎。儿童的神经通路也是如此。如果孩子的神经通路过于狭窄，视觉和听觉所捕捉到的信息就像从高速公路一下子转到乡间小道那样，形成信息堵塞，造成信号丢失，许多孩子所谓的"粗心"，其实就源于此。那么儿童的神经通路为什么会狭窄呢？

对于每个儿童来说，他们在呱呱坠地时，大脑所拥有的神经细胞的个数就

儿童的智力潜能和大脑所拥有的神经细胞的个数有关,这一点在孩子出生的时候就已经确定。而智商潜力能开发出多少,则取决于后天孩子的大脑神经细胞组成的神经网络有多密。后天给予儿童各种丰富的大量刺激,以促使儿童大脑神经细胞生长的过程,叫作"潜能开发"。

已经确定，这就好像在城市里新造了一条马路，路边的行道树已经栽好。但是，新栽种的行道树枝叶稀疏还没有长开，只能在路上形成斑斑点点的影子，无法形成遮天蔽日的树荫。历经十几年的生长之后，同样数量的行道树，树冠逐渐伸开，枝繁叶茂，彼此相连，就会形成连片的树荫。

儿童的大脑神经元就像行道树，神经通路就是无数神经元细胞生长所形成的密密麻麻的网络。行道树的生长需要的营养是肥料和水，儿童大脑神经元的生长需要的就是大量的信号刺激。倘若在生长的过程中家长给予儿童的外界信号刺激不足，或者经历了脑炎、头部外伤（就像行道树经历台风、火灾等），那么行道树的树荫面积就会受到影响。树荫面积越狭小，神经通路越稀疏，学习信号的传送就越慢，越卡顿，甚至还会阻塞、丢失。这就是许多孩子在学习上总是很"粗心"的原因。

构成学习起跑线的第三部分
——学习信号的加工和处理能力

学习信号在经过传输和筛选后，就需要在儿童的大脑皮层进行加工和处理，心理学把这个过程称为"工作记忆"。例如，我们要完成 1+5+7+2=？这个数学学习任务，孩子们首先要记住 1+5=6 这个结果，然后还要记住 6+7=13，这样才能继续顺利地完成 1+5+7+2=15 的计算。这里的 6 和 13，虽然不是最后的答案，但对于整个运算过程有着非常重要的意义，如果孩子们的工作记忆能力不能支持他们短暂地记住这两个数字，那么要完成这个学习任务就会有麻烦。

除了数学之外，语文的学习更加依赖于工作记忆能力。例如，很多家长都会抱怨自己的孩子抄写字词的时候常常是看一笔抄一笔，而不是看完整个字再

我们有一台顶级配置的电脑，却只安装了1G容量的内存，那么想象一下，这台电脑运转程序的缓慢速度和时不时因为内存溢出所导致蓝屏崩溃，会不会让你暴躁得想要砸键盘？就和某些家长辅导孩子做作业时简直要装心脏支架的感觉，可以说是一模一样

开始书写，为此父母们纠正多次，甚至责骂惩罚，但孩子就是改不过来。显然，孩子看一笔抄一笔的原因很有可能是因为他的工作记忆容量不足以支持他记住一个汉字的所有笔画与相关的位置信息。我们可以用"电脑内存"这个概念来类比儿童的工作记忆。比如说，我们有一台拥有世界顶级配置的电脑，却只安装了1G容量的内存，那么想象一下这台电脑运转程序的速度和时不时因为内存溢出导致蓝屏崩溃的程度……那种忍不住想要砸键盘的感觉，就和某些家长辅导孩子做作业时简直要装心脏支架的感觉，几乎可以说是一模一样。

除了内存之外，信息处理和加工还需要用到CPU和操作系统。儿童大脑的CPU和操作系统包含了"抑制""刷新"和"转换"三个信息处理能力。

"抑制"是指大脑对占主要地位的信号进行压制的能力。为什么要压制主要信号呢？因为在学习过程中一些明显的、强烈的、占据主要位置的信号很多时候未必是学习任务所需要的，而一些边缘的、陌生的、占据次要位置的信号，则有可能是学习和解题的关键。如果我们不能压制那些并不需要，却明显的、强烈的、占据主要地位的信号，那么就会干扰甚至掩盖对那些细微的关键信号的处理，最终导致学习任务失败。

"刷新"是指大脑对前后信号的更替能力。在面对学习任务的时候，大量的学习信息是源源不断传输进入大脑皮层的，儿童需要不断地接受新的信号来更新工作记忆中的相关内容。如果儿童的刷新能力不足，这就好像高速公路收费站汽车的缴费通行速度不够快，就会造成后续的车辆拥堵，学习任务就无法顺利完成。

"转换"是指大脑在两个学习信号处理之间来回切换的能力。这就好像我们在使用电脑时，需要互相配合使用两个，甚至多个程序。例如，我们一边用word程序书写文字，一边使用excel程序编辑所需要的数据；或者一边用相机拍摄照片，一边用美图秀秀修饰照片，一边用微信把拍摄的图片发送给好友；等等。在这些情况下，当我们使用其中一个程序的时候，其他程序并没有关闭，而是在后台继续运行并等待随时切换。如果孩子的转换能力不足，那就意味着大脑无法同时运行多个程序或者程序之间无法协同。比如，他们很难一边听课，一边做笔记；或者不能一边读题的时候一边圈关键词。那么儿童在处理复杂的学习信息的时候就会变得手忙脚乱，甚至陷入重重麻烦之中。

大脑将加工和处理后的学习信息保存起来,并建立路径以便今后提取的过程叫做"记忆"。很多孩子所谓的粗心,实际上是记忆的问题

构成学习起跑线的第四部分
——学习信号的储存和输出能力

在使用电脑的时候,我们常常会把已经处理好的文件进行保存,以便在下次需要的时候可以调取或者修改。对于儿童来说,将加工和处理后的学习信息保存起来这个功能就叫作"记忆"。

"记忆"和"工作记忆"并不是同样的东西,如果我们把后者看作内存,那么前者就是硬盘。有一种说法是,儿童的大脑可以看作是一个超级硬盘,其容量大约有7.6亿TB,即使用当前数据量最高达100TB的硬盘来储存,也需要用将近760万块。如果把这些硬盘摞起来,其高度约等于352个珠穆朗玛峰或者从地球到月球来回8次。如此强大的存储功能,使得儿童几乎可以轻易记住任何一个他所学过的知识。换句话说,从生理结构上儿童天生具有过目不忘的能力。那么为什么在现实教育教学中,有的孩子总是"学了就忘"呢?事实上,"遗忘"并不意味着他们没有记住这些信息,我们还是以电脑来打比方。在生活中,我们会发现有些电脑的硬盘非常清晰有条理,它们所保存的文件都是遵循一定的规律来安排保存路径的,比如按发生的时间保存、按文件的相关性保存、按发送对象保存、按工作的发展顺序保存……但我们也会看到有些电脑的硬盘文件杂乱,不仅所有文件都乱七八糟地保存在一起,甚至可能连文件名都是11、12、13……我们可以想象一下,此时如果我们要从上述两台电脑中调取一份急需的文件,哪台电脑能够顺利并且快速地调用出来呢?答案肯定是前者。如果这份文件不是最近使用过的话,后面那台电脑可能会一直无法找到。在这个比喻中,"保存"就相当于是记忆,"文件"就是儿童要记住的记忆内容,"路径"可以看作是儿童的记忆线索,保存的规律就是儿童的记忆策略,文件名就是儿童在记忆的过程中主动为记忆内容添加的编码,没有规律地随意存放就相当于死记硬背。如果小学一、二年级的儿童能够具备掌握记忆策略,并在记忆的过程中具备使用记忆策略的能力,那么在外显的学习行为上他就能表现出良好的记忆力。

如果我们把记忆看作是保存文件的过程,那么书写就相当于打印文件。我们可以把孩子拿起笔开始书写作业的过程,比喻成根据题目要求在电脑上找到文件然后打印出来的过程。在这个过程中,儿童的眼睛就相当于定位器,笔就

如果小学一、二年级的儿童能够掌握记忆策略,并在记忆的过程中具备使用记忆策略的能力,那么在外显的学习行为上他就能表现出良好的记忆力

相当于打印头，手眼协调能力决定了打印头能否在预定的地方进行打印，手指触觉的轻重感决定了打印头给墨量的大小，手指的力量和精细动作决定了打印头的稳定程度以及精确程度。如果儿童的手指触觉、手指力量、协调性和动作精细的能力不足，在书写时就会显得缓慢费力，笔容易抖动，写出来的文字也就歪歪斜斜、结构扭曲，甚至笔画缺漏，导致难以辨认、无法阅读。

同样道理，我们也可以用音响来比喻儿童的口头表达。但儿童需要口语表达和交流的时候，他需要做到以下几点：1.想好说什么——调用文件；2.利用腹式呼吸制造发音的能量——接通电源；3.透过声带的震动制造声音来发声——扬声器震动发声；4.口与舌的动作制造出清晰的说话声音——调频器调整频率；5.通过鼻腔、口腔、胸腔的共鸣让声音有独特的质感，以便辨认发声者——箱体共鸣让声音变得响亮。如果儿童以上任何一个功能出现损伤或者发展迟缓（例如口腔触觉发展不良导致口舌动作偏差），都会导致口语表达出现异常（大舌头、结巴等），导致老师、家长听不清、听不懂孩子的话，以至于孩子因此而选择缄默，不愿开口回答问题。

如此看来，要使电脑能够正常处理信息，我们需要有良好的摄像头、麦克风、内存、CPU、主板、防火墙、硬盘、打印机和音响，并且这些零件之间能相互兼容。同样，我们的孩子要能够很好地适应学习任务，那他们就需要有良好的听觉、视觉、前庭觉（防火墙）、工作记忆（内存）、本体觉及手眼协调（打印机）、口腔触觉与构音能力（音响）等功能的协调统合发展。而这些感觉的发展水平和统合能力，就是孩子们学习的"起跑线"——儿童学习的基础能力。

第四章

孩子需要被训练，而不是批评和惩罚

许多家长希望通过批评和惩罚让孩子认识到错误行为的结果，认为这样孩子就会改变这个错误行为，从而变得更加优秀。但事与愿违的是，对于孩子来说，避免被批评和惩罚的方式并不是只有改正错误这一种，至少还有两种方法比改正错误行为更简单，更轻松，一种叫"掩盖"，另一种叫"不做"。选择前者的孩子学会了撒谎，选择后者的孩子学会了放弃。

每一位父母都会花时间训练自己呱呱坠地的孩子。比如，当孩子噘着小嘴吐泡泡的时候，父母就会在孩子面前一遍遍训练他叫"爸爸""妈妈"；再比如，当孩子能够摇摇摆摆地站立的时候，父母就会一边保护着孩子，一边用鼓励的方式一次次训练孩子学习走路。这个过程中，几乎所有的父母都对孩子学习中的错误持包容态度——没有人会因为孩子发错了音或者在学走路时跌倒而去惩罚孩子。相反即便孩子把"爸爸"叫成了"波波"，或者即便蹒跚挪移了两步就跌倒，做父母的依然是欣喜万分，积极鼓励。

但是，随着孩子的年龄逐渐增大，父母对孩子的训练越来越少，而对孩子学习行为的批评和惩罚却越来越多。比如，小学一年级的孩子在看书或者画画时不知不觉地跪在了椅子上，这个行为可能会招来妈妈强硬的言语批评"坐好！我和你说了几遍了！"再比如，当小学二年级的孩子因为想看动画片而没有回应父母去做作业的要求时，自然也会得到父母的责备和惩罚。诚然，父母的批评和惩罚毫无疑问都是冲着孩子的错误行为去的，但现实需要我们去思考和解释：父母为何越来越难以包容孩子的错误行为？

家长干吗要批评和惩罚孩子？
——为何不能像曾经对待学走路的孩子那样对待他们？

所有的父母都希望通过自己的努力让自己的孩子变得优秀，这一点毋庸置疑。但令人疑惑的是，同样是为了让孩子变得优秀，当孩子在蹒跚学步、牙牙学语的时候，我们不会采用批评惩罚的方式来教育他们，为何在之后的教育中我们却越来越频繁地使用这种方式？仅仅一句"批评是为了孩子好"这样的解释恐怕是无力的。在和近6000位家长的探讨和咨询中，我发现导致他们使用批评和惩罚的方式的原因，恐怕是父母内心所认定的"应该"。

在孩子很小的时候，父母很少去预期孩子应该达到的目标，我们从不认为告诉了孩子要走路，孩子就"应该"马上学会走路。但是当孩子逐渐长大了以后，父母心里就逐渐冒出了很多的"应该"。比如，我告诉孩子要按时睡觉，他就"应该"按时睡觉；我告诉孩子现在不要打扰我，他就"应该"不打扰我；老师提醒过孩子计算要细心，他就"应该"不犯粗心的错误；等等。当父母在心里设定了那个"应该"的时候，他们就会不自觉地把孩子的实际行为与自己心里的"应该"进行对比，而一旦这两者之间存在着不一致或者有差距的时候，我们的内心就会变得不舒服甚至懊恼。于是，我们急切地探究问题的原因并希望缩小与"应该"之间的差距，并解决这个问题。显然，在大部分家长的理解中，凡是应该做到却没有做到的事情，那必然都是与孩子的主观因素有关系的。换句话说，凡是家长认为孩子应该做到但实际上没有做到的事情，都是因为孩子"不想做""不认真做"或者"不听话"导致的。解决这个问题的办法，就是通过说服、批评和惩罚来改变孩子，当"说服"不管用的时候，自然就会采用批评、惩罚的方式来教育孩子。

批评和惩罚真的管用吗？
——我们凭什么觉得批评和惩罚能让孩子变得更好？

尽管许多老一辈的家长把批评和惩罚视作教育孩子"理所当然"的办法，但不可否认的是，在面对批评和惩罚的时候，孩子们所体验到的一定不是温暖、愉悦与支持。一份面对五年级全体 327 位学生父母进行的教育行为调查结果显示，当下孩子对父母最不满的教育方式是：1.用别人的长处对比自己的不足，

2.殴打和体罚，3.批评与责骂。孩子的反应，使得许多年轻一辈的家长对于使用批评和惩罚的方式来教育孩子的做法变得有所动摇，尤其是那些学习过《正面管教》《非暴力沟通》等现代心理学和家庭教育的年轻家长们，他们更倾向通过鼓励、赞许等积极正向的方式，来教育他们的孩子。尽管越来越多的家长意识到批评和惩罚会给孩子带来糟糕的心理体验，但是只有极少数的家长会把批评和惩罚从教育孩子的方法中完全去掉，更多的家长依旧会在某些情况下采用这一方式对孩子进行教育。虽然这些家长知道批评和惩罚会让孩子内心变得难受并且损伤亲子关系，但"可以让孩子变得更好"的念头使得他们甘愿付出代价。所以他们总是说："现在你会恨我，但将来你长大了一定会感谢我。"

家长们的牺牲精神令人钦佩，可这样的牺牲真的可以实现让孩子变得更好的愿望吗？批评和惩罚可以让孩子变得更好吗？

认为批评和惩罚能让孩子变得更好的家长，内心的逻辑是这样的：当孩子做了一个错误行为之后，批评和惩罚可以让孩子体验到这个行为的结果是令其难受的和糟糕的，那么孩子就会为了避免这份难受和糟糕而改变这个错误行为，从而变得更加优秀。

家长的设想是完美的，但这个逻辑推论的实现需要满足两个前提条件。第一个前提，是孩子真的不愿接受这份糟糕的感受，倘若孩子对于批评和惩罚带来的糟糕感受麻木不仁，那么显然他们并不会改变自己；第二个前提则是改变错误行为对于孩子来说是简单、轻松和高效的，因为倘若改变错误行为对于孩子来说是艰难、麻烦和低效的，那么孩子就会把精力从"改变错误行为"转到"避免被批评惩罚"上。事实上，对于孩子来说，避免被批评和惩罚的方式并不是只有改正错误行为这一种。至少还有两种方法比改正错误行为更简单，更轻松。其中一种便是掩盖错误，家长不知道孩子犯了错误自然就不会批评和惩罚；

第四章 孩子需要被训练，而不是批评和惩罚 **049**

家长批评孩子的目的，是希望孩子为了不被批评而把事情做好。可对于孩子来说，不让家长知道自己没做好也能让自己不被批评

另外一种则是回避，不去做，自然也就没有错误产生，父母也就不会批评和惩罚。选择采用前者的孩子逐渐学会了用撒谎蒙骗父母的技巧，而选择后者的孩子则养成了遇到一点困难就放弃的习惯。

孩子需要训练，而不是批评和惩罚
——用训练让孩子一步步摆脱学习和注意力问题

在诸多家庭教育的书籍中，我们经常能看到一个词语——"过高预期"。几乎所有的家长都知道过高的预期对孩子的教育是不利的，但很少有家长会承认自己对孩子的预期是过高的。正如前面所述，当孩子逐渐长大，家长会冒出很多孩子"应该"做到的事情，在家长看来，这些"应该"都是最基本的。很多家长无法理解，一个孩子，在父母很忙的时候不去打扰，该做什么的时候做什么，把自己的玩具收拾好……这些怎么是过高的要求。可是，谁告诉你，当孩子逐渐长大后，他们就能"理所应当"地把所有的事情都做好呢？

在父母忙的时候不去打扰，那就意味着孩子要有能力克服自己的孤单感和无聊感；该做什么的时候做什么，这就意味着孩子要有能力根据事情的重要性和紧急性排列先后顺序，并能够在几件事情上迅速切换；把自己的玩具收好，那更意味着孩子要有能力克服来自自己感兴趣的事情的吸引（这对很多成年人来说都不那么容易）……而当孩子们发现，这些大人要求自己做到的事情并不是那么容易和轻松的时候，孩子自然就会用一种"变通"的方式来解决问题。例如，屏蔽家长的指令、变换法子麻烦家长，或者收拾一半就继续玩别的，等等。

那么，家长在教育孩子的过程中，就不能有心理预期吗？当然不是。在我看来，家长的心理预期和逐渐冒出的"应该"，其实是孩子应该拥有的良好行为和品质，是孩子尚未达到但需要达到的目标。换句话说，当一位家长觉得孩子应该在父母很忙的时候不要打扰父母时，实际上是家长给孩子设立了一个成长的标准：你要成为一个能自己陪伴自己的孩子。这是教育的终点，但决非当下的起点。正如我们知道，在孩子蹒跚学步时，不可能简单"告诉"一下，他就马上能学会走路一样。实现这个"应该"的途径是训练，正如我们训练孩子学习走路那样。

所以，所谓的"过高预期"，并不是不可能实现的、遥不可及的，而是指父母只为孩子设立预期的目标，却没有帮助孩子找到实现目标的路径，即便那个目标看似是非常平凡的。例如，有的家长认为孩子应该把字写端正，却没有告诉孩子，把字写端正需要训练哪些技能。批评和惩罚并不能帮助孩子学会这些技能，更不可能帮助孩子实现父母的期望。父母采用批评和惩罚来教育孩子的时候，往往是父母没有找到孩子实现父母期望的那个技能是什么，或者觉得孩子凭借简单的训练就应该掌握技能的时候（这也说明父母并不知道孩子训练的难点是什么，更别提花时间训练孩子的这些技能了）。

那么我们可以假设一下，如果父母能够清晰地提出孩子的发展目标，同时又准确地了解实现目标所需要的能力和技能，最后还能够用科学的方法来训练孩子的技能，那接受这样的教育会是怎样的状态呢？孩子会不会在温暖、亲密、和谐的亲子关系中，带着自信和满满的成就感，逐渐实现父母的期望？父母会不会因为孩子在训练中的每一次进步而感到快乐、自豪，从而微笑着继续鼓励孩子呢？如果你对这些问题的答案感到迷惑，那请你仔细观察或者回忆一个蹒跚学步的孩子和他身边的家长吧。相信你能在现实中看到这令人向往的教育过程。

期待每一个孩子在成长的过程中一直能享受到蹒跚学步时的训练,而不是批评、责骂和惩罚。期待每一位家长,在孩子成长的过程中能够一直用看着蹒跚学步孩子的目光,去看待孩子每一个微小的训练成果。如此,便能拥有温暖幸福的家庭关系。

第二部分
结合作业和游戏的基础学习能力训练

近几年,"感觉统合失调"这个名词逐渐出现在家长的视野中。"感觉统合失调"简称"感统失调",是指儿童因为某一些感觉,比如视觉、触觉、听觉,或者某几个感觉之间以及感觉和动作之间存在信息组织和传递的不协调,多重信息统一整理的过程发生异常,导致出现对外界信息不敏感,或者过分敏感,行为顾此失彼的现象。

从小学一年级新生入学测评和一、二年级的一线教学学习行为分析来看,感觉统合失调是导致一、二年级儿童基础学习能力不足的主要原因之一。这是因为,感觉统合是学习、生活与交流的基础,也是家庭教育和家庭亲子关系的基础。作为父母,我们能够跟孩子进行理解性的对话,在很大程度上是因为我们具有相同的感觉。如果我们对于同样一个事物的感觉是不一样的,那么我们的教育和对话就失去了平台和基础,由此便会产生沟通的障碍、摩擦,甚至争执。比如,以生活中是否要增加衣服的情况举例,冷要加衣,热要脱衣,这是我们生活的常识。而这里的"冷热"并不是一个具体的温度,而是我们皮肤触觉对于外界温度的一种感受。显然,如果母女两人要达成"增加衣服"的共识,那先决条件必须是母女俩都感觉到有点冷。如果面对同样的温度，妈妈的皮肤触觉感知到的是冷，而孩子感知到的却是热，那么母女俩必然会在是否增加外套的事情上产生矛盾。这就是网络中流传的"有一种冷叫妈妈觉得你冷"。

所以很多有学习与注意力问题的孩子也常常陷入不被别人理解的苦恼中。家长和老师觉得轻松自如的事情对于他们来说却是困难重重，而他们自己觉得理所当然的事情却无法被老师和家长理解和支持。尤其是，当他们看到身边的同学轻而易举地完成了家长和老师的要求，或者得到了家长和老师的支持，但自己却总是无法实现时，他们就会慢慢陷入沮丧、对抗、逃避，甚至坠入放弃自己的心理泥潭中去。

家长也常常为孩子的感觉统合失调问题所困扰。他们的确无法站到孩子的角度去换位理解孩子的感受：父母无法理解为什么被别人轻轻触碰就会像被火烧了一样疼痛；父母无法理解好好印在书本上的字为什么会像活了一样上下跳动；父母无法理解坐在平稳的椅子上为什么会有马上要跌倒的感觉。因为自己从未体验过这些，所以很多父母实在无法相信和接受这世界上居然还有如此"莫名其妙"的事情。这怎么可能？这会不会是孩子编造出来的借口和理由，用来为自己的糟糕行为和错误行为开脱？

受困于基础学习能力不足的孩子都应该接受感觉统合的训练，因为良好的感觉统合能力会让孩子的学业、生活与交流更加顺利。但是，由于许多家长受限于时间、经济、精力等各个方面的客观原因，社会上感统训练机构也良莠不齐，使得大家对感统训练的效果心存疑虑，导致许多原本需要接受训练的孩子失去了训练改善的机会，在学习与注意力问题的泥潭中越陷越深。

如果家长真的因为各种客观原因无法把孩子送到专业机构进行训练的话，可以在家庭中进行一些基本的感觉统合的训练。虽然训练的效果不如专业机构，但至少可以提高孩子一部分基础学习能力。那些已经在感统机构进行训练的孩子，家长不妨也在家中有针对性地实施一些训练项目，一方面作为孩子专业训练的补充和巩固，另一方面也可以促进亲子关系，在家庭中营造共同面对困难、解决困难的氛围，为孩子尽早从基础学习能力不足的困扰中走出来提供养分和动力。

当然，家庭训练的核心和方式、方法与专业机构的训练有所不同。如果说专业机构的训练更偏向治疗和干预，强调专业、专项和规范的话，那么家庭中的训练就更偏向游戏、整合，以及与生活、作业相结合。换句话说，如果到专业机构去训练是需要拿出整块的、单独的时间进行的话，那么家庭中的训练就应该是让孩子在玩游戏，或者做作业的过程中一并完成的。

我们以一个本体觉的训练为例。在专业机构中，本体觉的一种专项训练是利用万象组合道具，在地面上搭出高低不同的三个杆，儿童目测高度后以仰卧的方式运动自己的肩、肘、腰、臀、脚等部位的肌肉，仰躺着从杆下钻过去。

这个训练如果在家里可以怎么实施呢？首先，我们可以用家里的椅子代替万象组合的杆。其次，我们可以把这个训练和孩子的语文回家作业进行结合。比如，一年级孩子某天的回家作业是学习"ai、ei、ui"三个拼音，我们就可以在椅子的上面放上拼音卡片，爸爸妈妈读作业上的字——"奶、黑、孩、妹、为、龟"等。孩子通过仰面爬过相应的椅子来回答每个字对应的韵母，以完成回家作业。

所以，在后面的章节中，我们针对每一个训练，都给了家长四种不同的操作方式，分别是游戏操作、游戏进阶一、游戏进阶二和游戏衍生。我们希望用这样的方式，能够帮助家长把训练和孩子的生活、游戏、学习任务结合起来，让孩子能够在家庭中完成基础的学习能力训练。

当然，因为每个家庭的情况不同，本书罗列的家庭训练方式，也不可能完全适用于所有的家庭。不过没关系，父母也可以根据自己家庭的情况来修改和调整这些训练方式，以符合您家庭的实际情况。

另外，还需要提醒家长的是，虽然感觉统合失调是导致孩子学习和注意力问题的重要原因，但绝不是唯一的原因。根据目前的研究，导致孩子学习和注意力问题的可能原因多达14种。所以，如果您发现训练对于解决您孩子学习和注意力问题没什么效果的话，那可能您的孩子的学习与注意力问题是由别的原因造成的。您可以重新翻阅前面的第二章和第三章，然后寻求专业人士和专业机构来提供更为专业的分析与帮助。

第五章

视觉失调导致的相关问题与家庭训练

B还是13？神奇的视觉

很多父母都会觉得，只要视力正常，那么孩子不应该把文字或者数字看错。那么我们就来看看右边这张图片吧。13

你看到了什么？是英文字母 B，还是数字 13？

都不是！我们看到的，应该是黑色的一竖和两个半圆。

但是，如果我们把这张图放在 A 13 C 中呢？
12
14

横向看，我们会发现，我们看到的是英语 B；

纵向看，我们会觉得，我们看到的是数字 13。

我们的眼睛看到的是相同图形，但因为旁边的图案不同，我们便产生了不同的"感知"。

所以，当一、二年级的儿童总是"看错""粗心"的时候，未必是他们学习态度"不认真"，还有可能和儿童的视觉发展有关系。

视觉，是儿童学习信号捕捉和收集最重要的感觉之一。每天早上儿童从睡梦中醒来之后，几乎所有的行为都离不开视觉的支持。通过视觉，儿童了解外界各种物体的大小、明暗、颜色、动静……可以这么说，儿童一天的学习活动中，超过 70% 的信息是通过视觉进行捕捉、收集和传递的。一旦视觉发展出现失调，孩子在"看"这个行为上，就会产生许多的错误。

第一节　视觉失调带来的相关问题及解决方向

"我们女儿，做作业的时候，真的是要气死你的，她的注意力最多持续十分钟，有的时候十分钟都没有，你在旁边盯着都没用……"

"我们家孩子，看动画片、搭乐高玩具可以一两个小时不分心，读个书、写个作业就会漏字、少字、错字，抄写都会抄错！"

在第三章中，我们以摄像头作比喻，向各位读者介绍了儿童在利用视觉信号捕捉信息的时候所应具备的各种能力，包括视觉注意力、视觉分辨能力、视觉持续时间、视觉抗干扰能力，等等。实际上，儿童在收集外部学习信号时所需要的视觉功能远不止这些。我们还可以打个比方来说明视觉失调给儿童的学习带来的麻烦和困难。

"我们家儿子做作业真的是磨叽，动不动就停住了，笔是拿在手上的，也没有其他的小动作，就是停在那里。你跟他说了，他会动一动，最多五分钟，又停下了……"

"视觉持续工作"时间太短是儿童视觉能力不足的一种表现，这会导致孩子做作业拖拉、磨叽。视觉持续工作能力不足就好像电器的电量不足一样，运行了五分钟、十分钟后就没电了，需要充会儿电，然后才能继续工作。事实上，我们大部分成年人也都曾经感受到过这种"没电"的情况，例如，长假里，当我们打算一口气看完一整部电视连续剧的时候，我们就会发现，看的时间长了以后会有种"看不动了，脑袋涨涨的，对视觉画面处理开始变慢了"的感觉。所以，如果孩子的"视觉持续工作时间"过短，我们就要设法把"电池"扩容，通过训练延长孩子视觉持续工作时间。

"我的孩子做作业也很慢，他倒不是停着不做，而是这个眼睛不停地东张西望，不好好做题，做着做着他去看桌子上的贴纸去了，要么就是去看书上的插图去了。尤其是语文阅读题，要找写作线索、故事发展的关键词这种，他找着找着就去看故事内容去了……"

儿童视觉能力不足的第二种情况，是儿童无法持续看着自己应该盯着的东西，往往是看着看着，就看别的东西去了，从而导致学习效率低下。导致这一问题的原因，是儿童视觉注意力集中能力不足。视觉注意力相当于承载着监控的云台。当云台发生故障的时候，外部环境的一些轻微影响，都会导致监控无法准确对准目标物体。所以当儿童视觉注意力的集中能力比较糟糕的时候，也就意味着儿童无法稳定地捕捉目标信号，这就是我们常说的"视觉注意集中困难"。所以，如果孩子的学习注意力问题和这个因素有关，那我们的训练和干预，就要放在视觉注意力的稳定度上。

"我的孩子特别粗心,学拼音的时候,总是把'b'和'd','p'和'q'搞错,写字会多一笔少一笔……让他重写一遍,他又能做对。嘴上说下次认真、不粗心,没一次做到的。"

很多儿童看错拼音、笔画,所谓"粗心"的原因和视觉的分辨能力不足有关。我们可以把视觉分辨能力看作是监控的分辨率,分辨率越高,就能够呈现越多的细节特征;相反,分辨率很低的摄像头,尽管可以很稳定、长时间地拍摄,但是我们还是看不清拍摄的细节,只能靠"猜"和"脑补"。所以,儿童的学习注意力问题如果是因此产生的话,家庭训练时就要强化视觉的分辨能力。

"我们家的孩子做题目的时候就常常漏题,答题正确率还挺高的,但就是漏题,跟他说一道道题目做下来,结果还是会漏。"

在学习的时候,我们会发现有些孩子常常容易漏掉一些信息,比如把"10000"看成"1000",漏掉了一个0,或者看书的时候跳字、漏字等。这个问题就和孩子视觉警醒能力有关。我们可以把视觉警醒能力看作是监控的灵敏度,灵敏度高的监控能够在目标出现时及时进行响应,而灵敏度低的监控就会出现目标已经在画面上,但监控仍没有反应的情况。当然,视觉警醒度也不是越高越好,过于敏感的监控常常会出现误报的情况,这同样也会导致儿童的学习与注意力问题。所以,当我们发现儿童的学习问题是因为视觉警醒能力问题导致的话,我们就需要对此进行专门训练。

除了前面的案例之外,视觉失调的表现还有很多,家长可以通过以下条目,来进行对照,看看自己孩子的学习与注意力问题和视觉失调是否有关。

◆ 注意力持续时间短，不能集中精力看书、做题，隔一会儿就说眼睛累。

◆ 盯着目标看有困难，经常看着看着就看岔了。

◆ 写字歪扭，在白纸上写字时，每行都有倾斜度，较难写正，写字时字间距和字的大小也不均匀。

◆ 蜡笔着色和铅笔写字都不好，比别人慢，常超出轮廓或方格之外。

◆ 拼图总比别人差，对模型或图样的异同辨别常有困难。

◆ 能长时间地看动画片、玩电动玩具，却无法流利地阅读，经常多字少字。

◆ 不认识字，学了就忘。

◆ 写字时偏旁部首常颠倒，常抄错题。

◆ 看到印在书上的字在上下或者左右跳动。

◆ 喜欢在昏暗的灯光下看书，屡教不改。

◆ 看手机、平板电脑时，要把屏幕调到较暗。

◆ 经常找东西，总是找不到就在眼前的东西，如桌子上的纸、玩具箱里的玩具。

◆ 看图时，总是注意细节，而不是整个画面。

◆ 经常揉眼睛，在做作业或者读书后容易头疼。

◆ 很难找出两张相似图片的不同处。

◆ 混淆背景中的特定图形，不易分辨。

◆ 外出或远行时常不能独自到达目的地，很容易迷失，不喜欢到陌生的地方。

第二节　促进视觉能力改善的家庭训练游戏

训练游戏一：找找看　　　　　　　　　　　　　　　　时长：十五分钟

游戏方式：父母发出指令，孩子找寻相应的物品。

游戏操作：父母和孩子一起坐在沙发上，父母说一个形状，孩子在客厅里找对应形状的物品。比如，让孩子找附近的三角形物品。注意，找寻的时候，孩子的脖子应尽量保持不动，依靠眼球的运动去看，去寻找。

游戏进阶一：该训练游戏也可以拓展到户外。比如，父母和孩子在室外散步的时候，父母可以从地上拾起两片差不多形状的树叶，或者两朵同样种类的花，让孩子对比它们的纹路、颜色，说出它们之间有什么不同。

游戏进阶二：该游戏也可以和期末复习或者单元复习相结合。父母事先用A4纸将孩子要学习的内容复印，然后用水彩笔将指定内容涂色，例如，学"望"这个字，那就把所有的"望"字涂上红色，然后按照颜色分类，用牙签将色块戳洞。

游戏衍生：在进阶二的基础上，该训练游戏也可以拓展到所有的回家作业。以数学口算为例：父母利用便笺纸，事先在纸上一一写下今天口算题目的答案，并且在每张纸上别上回形针，铺撒在地上。孩子趴在桌上，手持细铁丝，铁丝一端捆绑一个吸铁石。家长给孩子看题目，孩子用吸铁石吸取写有正确答案的便笺作答。作业可以是选择、填空、口算、判断、背诵单词等，能一一对应的作业均可。

训练游戏二：追踪看　　　　　　　　　　　　　时长：十五分钟

　　游戏方式：让孩子固定在一个位置，在保持脖子不动的情况下，用眼睛看，追踪运动物体的轨迹。

　　游戏操作：孩子坐在餐桌前，保持脖子不动，父母站在桌子两侧，父亲在不同时间把若干不同大小的球以不同速度从桌子一侧推出，母亲在另一侧用框接球。完成后问孩子，一共有几个球。

　　游戏进阶一：该训练也可以到户外进行。例如父母和孩子一起到户外踏青，看到运动的物体（例如鸽子、风筝、蝴蝶等），父母站在孩子身后，双手扶住孩子的脸，固定孩子的脖子，让孩子用眼球运动的方式，追踪看运动的目标物。

　　游戏进阶二：该训练可以和语文、英语的字词预习、复习相结合。父母事先在大便利贴上抄好生字或者单词，也可以让孩子在大便利贴上听写，一张写一个生字或单词。然后把所有写好的便利贴随意贴在墙上。孩子坐在距离墙壁2—3米的椅子上，父母坐于身后，用手电筒、激光笔照射生字或单词，缓慢移动，并随机停在某张便利贴上。照到哪个单词，孩子就背诵哪个单词，或用生字组词造句。

　　游戏衍生：在进阶二的基础上，该训练可以拓展到其他学习任务，比如大便利贴上写好题目或者题目序号，随意贴在墙上。家长给孩子手电或激光笔。家长给出作业内容，说到哪个，孩子就移动光斑到哪张便利贴上，并完成光斑移动轨迹上的三个作业。作业包括计算、背诵、组词、填空、古诗、生字、生词、单词的学习和复习均可。

训练游戏三：扑克牌游戏　　　　　　　　　　　时长：十五分钟

游戏方式：孩子与父母一起，利用扑克牌游戏训练视觉。

游戏操作：孩子坐在餐桌前，父母从一副扑克牌中随机抽取几张，要求孩子记住上面的数字。注意训练的时候扑克牌数量从少到多，记忆内容可以从数字开始，然后提升难度，同时记忆数字和花色。

游戏进阶一：该训练也可以用两副牌进行。家长从两副扑克牌中挑选一一对应的四组牌，然后将这八张牌正面依次排开，让孩子看三十秒。随后盖牌重洗后背面朝上依次摆在桌上。孩子随机翻开两张牌，如果一样就拿走，如果不一样则全部翻回，然后再翻另外两张，直到所有的牌都被拿完。

游戏进阶二：该游戏的另一个进阶训练是，家长把一叠扑克牌洗牌后，一张张翻开给孩子看，每张看一秒，看后背面朝上放在一边。若干张后随机问孩子：上一张牌是什么？再前一张牌是什么？当孩子正确率超过 90% 以后，可以同时用两叠牌，若干张后停下随机问孩子：左手边的这叠牌最后三张是什么？

游戏衍生：该游戏还可以和孩子的计算能力训练结合。比如把两副扑克牌一起洗好，然后一张张翻开，谁先发现相连两张牌能算出特定数字的为胜。

其他日常训练　　　　　　　　　　　　　　　　时长：随时

游戏方式：只要是与眼球运动有关、与视觉认知有关的游戏，都可以作为视觉训练内容。

视觉测距：桌上摆两个鞋盒，中间间隔一定的距离。将白纸裁成 10×10（单位：cm）的答案卡，写好选项（可以多做几份，其余是白纸），然后问孩子，你觉得中间可以放几张答案卡？记录孩子的答案，然后家长给予孩子作业任务，让孩子在大盒子里翻找答案选项完成作业。然后将答案卡放在两个盒子间，再次给孩子作业任务，看看之前孩子说的答案是否正确。作业可以是选择题、判断题（纸张尺寸可以逐渐缩小）。

作业安排板：准备一张较大的白纸，分割为八格，将要做的作业写入格子内，让孩子自己标注计划完成顺序（有色笔），然后将白纸挂在书桌前的墙上。用"看看安排板，现在你该做什么"代替提醒、责骂和惩罚。单项作业时间不超过五分钟。

套　　圈：准备一些套圈，再准备一些可乐瓶，里面装半瓶水增重。将其放在桌上，瓶下压作业答题选项。家长给予孩子作业内容，孩子用套圈方式套取相应选项的可乐瓶作答。作业可以是选择题、判断题。

滚 弹 珠：准备玻璃弹珠若干、一次性杯子若干。在一次性杯子上写好作业的答题选项，然后放置在桌上或地上（杯子之间间隔20cm），并将玻璃弹珠放在碗里交给孩子。家长给出作业内容，孩子用玻璃弹珠弹射相应选项的一次性杯子作答。距离可以由近到远。作业可以是选择题、判断题。

寻　　宝：准备好一些硬币（五角和一角），背后贴上题目序号，然后撒在规定的区域内。孩子坐/趴在滑板车上找硬币，一次找一个，找到哪个就做相应的题目，完成之后再出发寻找。作业可以是简单的书面作业、口语作业等，单项作业时间以不超过三分钟为宜。

接笔游戏：家长手拿一支粗的记号笔或白板笔从高处放手，笔自然下落，孩子盯住笔并将其接住。

接尺游戏（接笔游戏升级版）：家长手拿 15cm 以上的直尺，孩子把虎口放在 0 刻度上。孩子和家长约定目标厘米数字，然后家长放手，孩子盯着尺子，看到目标尺度的时候，用手夹住尺子。手握住的位置和目标位置越接近越好。

第六章
听觉失调导致的相关问题与相应的家庭训练

"说了没反应"是孩子故意的吗？

很少有父母听说过"听觉掩蔽"这个词，但我们都曾经历过这个现象。比如在夜深人静的时候，我们总是能够清晰地听到家里老式钟表的嘀嗒声，但到了白天周围有动静的时候，我们就感觉不到这个声音了。教室里也是一样，当教室里比较吵的时候，老师和同学的讲话就会听不清，而当大家安静下来的时候，师生间的对话就会变得清晰无比。科学家发现，如果在一个比较响的声音后面跟上一个比较轻的声音，那么这个比较轻的声音就会被"掩蔽"，令人难以觉察。

在现代化大型办公室里，为了防止同事之间的讲话影响到别人，公司会在办公室装上遮蔽系统（masking system）以遮蔽多数的声音讯号。更有意思的是，人类的语音其实非常容易被屏蔽，所以很多咖啡馆会播放柔和的音乐来掩蔽客人的说话声使顾客的谈话彼此不受干扰。很多成人也常常会一边工作，一边听音乐来帮助自己不被周围的讲话声影响。所以，如果孩子"充耳不闻"，并不一定都是孩子"不理人，不尊重人"，也可能是孩子的听觉掩蔽了我们的人声。特别是家里有一个常常唠叨、语速很快、声音尖细的女性的时候，其他人的声音除非变得更响、更尖，否则很有可能被"掩蔽"。

在学习的时候,儿童需要运用到听觉注意力、听觉分辨能力、听觉抗干扰能力、听觉稳定性、听觉理解能力等诸多听觉核心素养,以支持自己能够"认真听讲"

之前和很多家长交流的时候，发现不少人会把"听力"和"听觉"混淆，总觉得自己的孩子耳朵不聋，为什么会有听觉问题呢？实际上，听力和听觉并不是同一件事情，听力是指我们能否听到声音，而听觉则是指我们能否听懂、理解声音。每一个没有天生生理缺陷的孩子在出生后都能听到声音，他们会对周围的噪音感到不耐烦，也会因为母亲的哼歌而心安，但每个孩子的听觉发展则必须依赖于后天的发育和训练，只有这样，听觉才能不断地成熟和完善。

第一节　听觉失调带来的相关问题及解决方向

"老师反映我们家孩子很容易分心，班级里面稍微有点风吹草动，比如谁的笔袋掉到地上了，或者谁推拉了下座位，她的小脑袋就马上转过去了，连做个简单的抄写作业都要转3—4次头。"

"老师说我们家孩子上课不听的，看起来好像没开小差，但问他刚才老师讲了什么，他完全答不上来，这都二年级了，怎么办呀！"

和视觉一样，听觉也是儿童输入学习信息的重要通道。之前我们在第三章中，已经用麦克风比喻了儿童听觉对于学习信号捕捉的过程。换句话说，在学习的时候，儿童需要运用到听觉注意力、听觉分辨能力、听觉抗干扰能力、听觉稳定性、听觉理解能力等诸多听觉核心素养，以支持自己能够"认真听讲"。而当儿童的某些听觉核心素养出现问题的时候，儿童在"听"上就会出现各种问题。

"我们家孩子从幼儿园开始就喜欢上课时跑到教室外面去，我们以为到了小学，长大了，会自己改正，结果呢，还是这样。老师已经跟我们告状了好多

很多家长看到自己孩子捂着耳朵的时候,总以为孩子是"胆小",但实际上,孩子很可能是听觉失调

次。每次问他为什么要离开教室，他也不说，就是在那里哭闹。"

一般来说，儿童的听觉问题有三种表现：听觉过敏、听觉迟缓和视听失衡。其中，听觉过敏指的是对声音的反应比一般孩子更为强烈，比如，大家都觉得还算安静的环境，听觉过敏的孩子就会觉得很吵，心烦意乱。上面这个案例中的孩子，就有可能是一位听觉过敏的孩子，他离开教室很有可能与上课 PPT 的音效，或者粉笔在黑板上摩擦的"吱吱"声有关。听觉过敏的孩子还会表现出以下一些情况：

◆ 害怕卫生间的冲水声，以及吸尘器、吹风机等发出的单一高频的声音。
◆ 日常生活中，频繁要求别人小声、安静一点。
◆ 不喜欢去电影院或音乐厅等音响声较大或者比较杂乱的场所。
◆ 听到一些比较大或者比较尖锐的声音时，第一反应是捂耳朵，即便这些声音并没有令周围的人难以忍受。
◆ 隔着几道门，都能听到父母的谈话，甚至能听到楼上楼下邻居的对话。
◆ 能通过走廊的脚步声，楼下汽车的刹车声、关门声知道父母回家了。
◆ 容易因环境中的一些背景音而分心或烦心，如同学书写的声音、老师的脚步声，或者教室外的水滴声。

孩子们之所以会出现这些问题，是因为这些听觉过敏的孩子对于声音信号的捕捉比其他孩子更为灵敏，对于细微声音信号的警觉性更高。这就导致他们总是会被那些尖锐的、刺耳的、不和谐的、细微的声音所吸引，这就好像一个高灵敏的雷达，一只飞蛾飞过都会引发"警报"，而在父母的眼里，就表现为"容易分心"或者"爱管闲事"。而其他的孩子虽然也听到了这些细微的声音，但他们的听觉系统不会因为这些细微的声音而"小题大做"。因此，面对听觉过敏的孩子，我们常常需要通过专项的听觉训练，去降低孩子对声音的敏感度，训练他屏蔽无效声音的能力。

"我们家孩子常常上课不专心，老师反映，他似乎听不见老师指令。老师让他们拿出课堂作业本，他总是要等到别人都拿出来了，才反应过来要干什么。在家里也是这样，要叫好几遍才会有反应，有的时候问他我们刚才说了什么，他都说得不完整。"

"我们家孩子就喜欢拿着一支笔在那里敲来敲去。上课的时候、做作业的时候，就是像敲木鱼一样拿着笔在桌上'哒哒哒哒'地敲着。老师提醒了很多次，我们也不断提醒，让他不要敲，但他就是不听。"

过于敏锐的听觉系统，会导致儿童总是要去"响应"那些本不需要响应的声音信息，而过于迟缓的听觉则会导致儿童对于声音的"响应"比一般孩子迟钝。比如，听到声音后难以找到声音是从哪里传来的，或者对于噪音中的目标信息分辨困难。同时，由于长期缺乏刺激，听觉迟缓的儿童对声音有一种补偿式的"饥渴"，他们就像饿了几顿的灾民那样，不断地通过自言自语、敲打物品，或者大声说话的方式，为自己制造听觉刺激。

听觉迟缓的孩子还常常表现出以下情况：
- ◆ 对别人叫他名字或与他说话的行为经常没有反应。
- ◆ 自己不断制造噪音。
- ◆ 听歌或者看电视时喜欢放很大声。
- ◆ 似乎注意不到某些特定的声音。

孩子对别人叫她名字或与她说话的行为经常没有反应,未必是态度问题,也可能是听觉失调

- ◆ 做事情想问题的时候，嘴里喋喋不休，令人烦躁。
- ◆ 下课的时候，或者在吵闹的环境里，对叫自己的名字的声音不敏感。
- ◆ 对别人的话听而不闻。
- ◆ 较难理解或者记住老师说的话。
- ◆ 较难分辨出声音的来源，分辨出是老师讲课声还是噪音比较困难。
- ◆ 口腔没有生理问题，但就是发音不准。

导致上述问题的原因是，听觉迟缓的孩子对声音信号的敏感度太低，他们不是不能听到外在的声音信息，而是这些声音信息的强度、响度或者清晰度都不足以让孩子的听觉系统有所反应。说得形象点，就好像明明已经着火冒烟了，但烟雾报警器却依然没有任何反应。只有发出更加强烈的声音信号，例如高声呵斥、尖锐的女高音或者和背景噪音差别很大的声音，才能唤醒孩子处理听到的声音信息。因此，面对听觉迟缓的孩子，我们需要通过训练来提高孩子对于声音信号的敏感度，至少帮助孩子建立起对某些重要的声音进行反应的条件反射。

"我们家孩子上课的时候总是低着头，不看老师，也不看黑板。你说他没在听吧，老师让他站起来回答问题他又能作答；你说他在认真听吧，他又是整节课低着头。这是怎么回事？"

"我们家的矛盾总是出现在背课文的时候，跟他说读书要心到、眼到、口到。背书要坐在座位上拿着书，一边读，一边看，一边背。他偏偏就跟你反着来。背课文的时候也不拿书，在家里走来走去，一会儿爬到沙发上，一会儿爬到床上，说也说了，骂也骂了，都不管用。"

儿童在学习的时候,需要视觉和听觉进行信息捕捉和处理的互相配合

除了听觉过敏和听觉迟缓之外,我们常见的另外一种情况叫作视听失衡。所谓视听失衡是指儿童在捕捉外界信息时,过于依赖听觉或者视觉,造成视觉信息和听觉信息之间无法协调,从而导致学习与注意力问题的出现。对于我们每个人来说,视觉和听觉都是收集、捕捉外部信息的通道。我们既需要听觉输入的各种信息,也需要视觉输入的各种信息,这两者缺一不可。这就意味着在学习的时候,视觉和听觉是需要进行互相配合的。一旦他们的配合出现问题,就像上述案例中的孩子那样,会出现各种学习与注意力问题。视听失衡的孩子还可能出现的问题包括:

◆ 别人说的话如同"耳旁风";交谈时缺乏目光交流;眼神涣散,容易走神,容易受干扰。

◆ 说话没逻辑,语无伦次,说了半天也不知道重点是什么。

◆ 缠着爸爸妈妈讲故事,哪怕是图画书,也总希望爸爸妈妈讲给自己听,不愿意自己看。

◆ 自己读题做作业困难,常常不知道怎么做,但爸爸妈妈帮助把题目读一遍,立马就知道怎么做了。

◆ 智力正常,但听不懂词意、句意,听不懂老师讲课的内容,要老师写出来才能明白。

◆ 口述能力差,词汇贫乏,常以动作和手势辅助沟通。

◆ 上课不看老师,不看黑板,但知道老师在说什么。

◆ 总觉得家里面大人唠叨心烦,喜欢写纸条沟通。

导致儿童视听失衡的原因是视、听两者之间发展水平不平衡,我们很难想象一个大学生和一个小学生之间能够完美配合。同样,如果孩子的视觉或者听觉中有一方发展过于强大,就会打破两者之间的平衡,导致视听失衡。我们可以用跷跷板游戏来打比方，帮助家长理解这一点。在理想的状态下，视觉和听觉应该处在一个均衡发展的水平上，就好像两个体重一样的人坐上了跷跷板，这个时候跷跷板是平衡的，可以很顺利地开展游戏。当然，在现实状况下，大部分的人都会有略微的偏向，比如更偏向于视觉，或者更偏向于听觉。于是，偏向于视觉的人更擅长处理文字信息，而偏向于听觉的人则更擅长处理一些声音信息。这就好比两个体重差不多的人坐上了跷跷板，虽然体重略有差异，但跷跷板游戏仍然可以顺利进行。在极端情况下，例如，一个失去了全部视觉的盲人，为了能够更好地捕捉外界信息，他的听觉系统就会高度地发展起来，以补偿视觉的损失。于是，我们会形成这样的感受：盲人的耳朵特别灵。这就好像跷跷板的一端坐着一个很重的人，而另一端却坐着很轻的人那样，整个跷跷板是失衡的，游戏根本无法进行下去。这样的失衡对于盲人来说是有利的，因为他们已经失去了视觉，但是对于正常的儿童来说，这就显得非常糟糕了。这些视听失衡的孩子根本无法有效地保证视觉系统所收集到的信息与听觉信息保持一致。这就如同我们在看一部声音与画面不同步的电影，视听不一致的信息不但无助于我们看懂和理解电影内容，甚至还会造成极大的干扰。为了避免这种干扰，从而顺利地获得外部信息，儿童会本能地减少甚至放弃其中弱势的一方，使用强势的一方来进行学习，而这又使得视听发展更加不平衡。这就好像面对声音和画面不同步的电影，成人也会选择要么关掉画面只听声音，要么关掉声音只看画面。虽然牺牲了一部分的信息，但至少可以保证获得的信息是比较流畅的。成年人最终的选择大概率是关掉网页，不看这部电影。迁移到儿童身上，就表现为厌学，甚至放弃学业。因此，面对视听失衡的儿童，我们需要通过训练来增强儿童的弱势项目，同时适当抑制优势项目的能力，从而帮助儿童实现两者的基本平衡。

第二节　促进听觉改善的家庭训练游戏

训练游戏一：拍节奏　　　　　　　　　　　　　　　　**时长：十五分钟**

游戏方式：家长用手掌拍几个节奏，孩子跟着拍相同的节奏。

游戏操作：孩子与父母面对面，父母用手掌拍出单一节奏，例如"啪啪啪——啪啪啪——啪啪啪——"孩子根据听觉，拍出和父母相同的节奏。

游戏进阶一：该训练可以增加难度，比如父母用眼罩把孩子的眼睛遮住，然后站在房间的不同方位，不同距离，用不同力度拍出节奏，例如"啪——啪啪啪——啪啪——"，孩子根据听觉，把脸转向父母所在的方向，并用手拍出和父母相同的节奏。

游戏进阶二：该训练可以和语文朗读课文相结合。父母预先了解语文课文中的重点词汇（课文生字表中的字或者词），然后设计好和词汇相关联的节奏，比如，"田野"就拍出"啪——啪"的节奏，"一帆风顺"就拍出"啪啪——啪——啪"等。当孩子朗读到课文中的重点词汇的时候，父母打出节拍。课文读完后，家长再次打出节奏，让孩子回答这个节拍的对应词语是什么。如果孩子答不上来，家长可以让孩子把有重点词的句子再读一次，然后读到重点词时再次拍打节奏。

游戏衍生：该训练游戏还可以衍生出各种其他的声音信号，比如在进阶二的基础上，把拍打节奏换成不同的乐器。父母还可以和孩子事先确定乐器替换的字词，比如"鸟"这个字用口哨声代替，然后父母和孩子一起读课文，凡是读到鸟这个字的时候，孩子吹一下口哨。

训练游戏二：鹦鹉学舌   **时长：十五分钟**

  游戏方式： 家长按顺序说数字，孩子重复。

  游戏操作： 父母先在纸上写好数字，例如 2-5-4。让孩子坐在父母对面，不能看到数字。父母以一秒一个的速度，对孩子读出数字，孩子要重复父母所读的数字，如 2-5-4。训练的时候，父母要从两个数字开始，逐渐增加数量。当数字增加的时候，父母要注意每个数字间隔一秒。例如 4-5-7-8-3-6，不能读成 457-836。

  游戏进阶一： 当孩子能够成功复述七个数字的时候，家长可以把训练进阶难度提到"正听反说"，即父母读数字，如 2-5-4，孩子要按照相反的顺序，重复父母说的数字，4-5-2。

  游戏进阶二： 该训练可以和语文词汇听写相结合。训练时，父母照着语文词语表，反说词语，如"美丽"要读成"丽美"。孩子则按正常顺序，在听写本上书写"美丽"。

  游戏衍生： 该训练游戏还可以与孩子的日常生活相结合，例如开饭的时候，父母口头告诉孩子三个菜的端菜顺序"烤鸭—三鲜汤—芹菜"，然后孩子根据父母说的顺序一一端菜，数量可以由少到多。该训练也可以衍生成为父母和孩子亲子游戏的素材。例如，父母和孩子一人说一个动作，父：右手摸鼻子，母：抬起左脚，孩子：学母鸡叫。然后大家按照顺序一起做，至于动作的个数可以从少到多慢慢增加。

训练游戏三：听相同　　　　　　　　　　　　　　时长：十五分钟

　　游戏方式： 父母敲打不同的东西，要求孩子蒙住双眼听出父母敲的是哪个物品。

　　游戏操作： 家长和孩子先选择 3—5 种不同物品，孩子先试听不同物品敲击发出的声音，然后背对着家长，家长再敲击不同的物品，孩子则指出敲击的是哪种物品。

　　游戏进阶一： 当孩子能够区分比较明显的声音差别后，家长可以收集 3—5 个相同的易拉罐。在罐子里面放入数量相等的小东西，比如 3 个纽扣、3 枚 5 角硬币、3 颗黄豆、3 个夹子，等等。孩子先试听摇晃不同罐子发出的声音，然后背对家长，家长摇晃不同的易拉罐，孩子指出里面放的是什么。

　　游戏进阶二： 该训练还可以和回家作业中的选择题相结合。例如，家长可以收集 8 个易拉罐，每两个罐子里放入相同的东西，分别代表四个选项。家长给出题目，孩子通过摇晃罐子，找寻到相同的两个代表答案选项的罐子来完成作业。

　　游戏衍生： 该训练游戏还可以采用其他有趣的声音，比如鸟哨。父母和孩子在户外踏青的时候，可以买两个鸟哨，父母和孩子各执一个，父母随机吹一个音，孩子通过滑动鸟哨的控制棒找到这个音并吹出来。鸟哨游戏也能和回家作业联系在一起。比如，父母事先和孩子规定鸟哨高低不同的四个声音代表 A、B、C、D 四个选项，孩子读题后用鸟哨吹出相应声音表示所选的答案。

其他日常训练　　　　　　　　　　　　　　　　　　　　　　时长：随时

游戏方式：其实只要是和"听，然后理解"有关的游戏，都有训练孩子听觉的效果。因此在日常生活中，也有很多活动、游戏可以训练孩子的听觉发展。

听两个故事：家长给孩子播放故事的时候，用两只手机播放不同的故事，要求孩子只听其中一只手机播放的故事，忽略另一只手机的声音。

听绘本做动作：父母和孩子一起读绘本，并约定某三个特定词，比如"的""我""他"，每当听到"的"的时候，爸爸站起来，听到"我"的时候孩子站起来，听到"他"的时候，妈妈站起来。

听指令做动作：家长提前和孩子约定，听到"1"就拍拍手，听到"2"就向前走 2 步，听到"3"就跺跺脚。家长先示范动作，待孩子清楚规则后，家长说数字，孩子做对应动作。

听节奏做题：准备三个乐器，分别代表百位、十位和个位。家长通过有节奏地敲击不同乐器，来表达数字，孩子通过听节奏来写下题目并计算。

轻声读题：用手机将题目录下，然后放给孩子听，并逐渐降低声音，当孩子说"听不到"之后，再放大一格。然后让孩子一边听题目，一边做作业。

第七章

前庭觉的相关问题与相应的家庭训练

前庭失调到底是什么感觉？

父母很难理解孩子会有前庭失调问题的一个重要原因是，成年人很少能体验到前庭失调到底是一种怎样的感觉。

当我们初次出海的时候，海浪带来的摇晃会持续不断地刺激我们的前庭器官，于是大量的前庭刺激让很多人都发生了晕船反应。而当我们在船上的时间足够长的话，我们的晕船反应就会越来越轻，甚至不再感到眩晕，那是因为我们的前庭功能在自我调整以适应当下的环境。换句话说，我们的前庭功能把这样的摇晃视作"静止"。此时，如果我们返回陆地，双脚踩在坚实的土地上的时候，尽管我们很清楚地知道，陆地是不会摇晃的，但是我们的确会感觉到脚下的土地在晃动。这时，我们所体验到的这份有点不真实的感受，就是某些前庭失调的孩子每天都会产生的感觉。

第七章 前庭觉的相关问题与相应的家庭训练 **083**

一上车就晕眩和从来不晕车都有可能是前庭觉失调的表现

前庭，位于儿童左右两耳内，与视觉、听觉、运动觉等多个感觉系统广泛相连，是婴儿发育最早、发育时间最漫长、复杂程度最高的神经系统之一。前庭觉是儿童维持和控制姿势、平衡、运动、注意力、行为、大脑兴奋状态的核心。强烈的前庭刺激会引发孩子呕吐、眩晕、呼吸急促等生理反应，例如晕车。儿童的运动控制与调节功能近 60% 依赖于其前庭系统。可以这么说，前庭功能对于儿童的重要性，就相当于汽车的方向盘和刹车。我们很难想象一个方向盘不稳、刹车失灵的汽车可以正常快速地行驶，同样，一个前庭觉失调的孩子也很难做到社会要求的良好行为和维持良好的学习状态。

除此之外，前庭系统还是外界信息与孩子大脑之间的哨兵和保镖，外界信息通过眼睛、耳朵、鼻子、嘴巴、手脚等人体器官纷乱地传入大脑之后，前庭系统会判断这些信息是否需要唤醒大脑处理。如果信息刺激强度足够，那么前庭觉就会激发和维持大脑的清醒和警觉，从而对外部刺激做出反应；如果信息刺激不足，则大脑和中枢继续处于待机状态，以维持较低的能耗。从这一点上来说，前庭功能就相当于我们电脑的防火墙，一方面阻隔无效信息（病毒）的进入，另一方面通过刺激大脑和中枢系统（清理缓存，减少不必要的消耗）提高对有效信息的加工效率和加工速度。而一旦前庭功能出现失调问题，儿童就好像一台没有防火墙的电脑，虽然还能使用，但卡机（磨蹭）、重启（走神）、弹窗（注意力分散）、闪屏（冲动）等问题就会大大影响我们使用这台电脑的感受。

第一节 前庭功能失调带来的问题行为

由于前庭系统发育的周期比较长，并且很容易受环境和外界不良因素的干扰，因此孩子很容易出现前庭功能发育失调的问题。2010 年杭州余杭区开展了一项关于儿童感觉统合情况的调查，结果显示在小学一、二年级，每100个孩子中就有13到15个孩子存在不同程度的前庭功能失调的情况，个别学校班级中，前庭功能失调的孩子甚至占全班人数的1/4。

前庭功能失调导致的问题行为有：

1. 运动方面

- ◆ 坐在能旋转的椅子和凳子上时无法听从指令安坐，不停旋转椅子。
- ◆ 对旋转类游戏无感，怎么转都不晕，从不晕车。
- ◆ 吃饭常只用一只手，或者双侧手脚的协调不灵活。
- ◆ 运动时，走路、跑、跳动作笨拙，跌倒时，不会用手支撑来保护自己；有害怕运动的倾向，给家长一种"抗拒"运动或者"懒"的感觉。
- ◆ 运动的时候把握不了"度"，总是让家长有一种动作幅度"过分了""过头了"的感觉。
- ◆ 常常找不到方向，没有方向感，或者方向感弱。
- ◆ 重力感觉不足，害怕失去平衡，容易跌倒。
- ◆ 登高会觉得头重脚轻，不敢向别处看或走动。
- ◆ 不喜欢将头脚倒置，抵触玩如翻筋斗、打滚等游戏。
- ◆ 害怕一定高度以上的运动，甚至害怕双脚离地。
- ◆ 不喜欢被高高举起，被抱起举高时，很焦虑地要落地，经过可信赖人的帮助才会安心并配合。

2. 纪律方面

- ◆ 喜欢招惹别人，影响周围伙伴。
- ◆ 注意力不集中，警觉性差，会不断出现因粗心而导致的错误。
- ◆ 平时容易激动，有"人来疯"的现象，喜欢冲来冲去或者动作幅度很大。

屁股坐不住，动来动去，或者喜欢把凳子翘起，前后摇晃，可能是平衡感失调的表现

生活中东西乱放，不会主动整理，桌面上、座位周围乱七八糟到让人难以忍受。

◆ 屁股坐不住，动来动去，或者喜欢把凳子翘起，前后摇晃。

◆ 缺乏危险意识，做事顾此失彼，常常做出危险动作。

◆ 排队无法和前后同学保持直线，站立时会不断晃动身体。

3. 学习问题

◆ 看书眼睛会累，却可以长时间看电视、平板电脑等电子产品。

◆ 喜欢听故事，不喜欢自己看。

◆ 智商正常，但学习、阅读或做算术特别困难。

◆ 朗读课文或者做题审题的时候跳字、漏字、添字。

◆ 过于兴奋，一点点风吹草动就会引发孩子分心。

◆ 左右关系不分，经常分不清左转、右转、左手、右手，有时甚至左右的鞋都会穿反。

第二节　促进前庭功能的家庭训练游戏

家长需要充分地理解，前庭功能是大脑的防火墙。家庭中的前庭功能训练，要让孩子在游戏中呈现各种各样的体态，并让大脑习惯身体处于各种体态所带来的刺激，从而促使前庭功能充分发展。简单来说，前庭功能的训练原则就是让孩子处在不断变化的加减速运动状态下。

训练游戏一：床面蹦跳 / 小型蹦床　　　　　　　　　　**时长：十分钟**

游戏方式：在成人的陪护下，孩子在席梦思床面上蹦跳，或在家庭购置的小型蹦床上蹦跳。

游戏操作：家长让孩子换上宽松的衣服，让孩子在席梦思的床面上进行蹦跳运动。在运动时，家长可以给予不同的口令，以改变刺激。比如，连续跳三个、蹲着跳、脚踢屁股，两脚开合跳，两脚前后跳，单脚双脚交换跳，等等

游戏进阶一：为了让孩子能够坚持下去，家长可以在训练过程中增加趣味性和互动性。例如，家长给孩子讲一个绘本故事，约定绘本故事中的特定词语，比如，青蛙＝蹲着跳、老鼠＝踢屁股跳等。

游戏进阶二：该训练也可以用来完成作业中的选择题，家长可以和孩子规定：东边＝A，南边＝B，西边＝C，北边＝D。然后让孩子边跳边转圈，用身体的朝向来回答作业中的问题，然后家长帮忙抄写到本子上。

游戏衍生：该训练还可以进行难度和趣味性的衍生，比如在完成回家作业的时候，在进阶二的基础上，增加更多的肢体动作，例如边跳边背后拍手，边跳边背课文或者古诗，等等。

训练游戏二：原地转圈　　　　　　　　　　时长：十分钟

游戏方式：孩子坐在能转圈的椅子上，或者站在地上，低头旋转。

游戏操作：孩子坐在椅子上并低头抓住扶手后，家长慢慢推动椅子旋转，注意旋转的速度要由慢到快，旋转的圈数由少到多。当孩子略感到晕眩或者不舒服的时候就要停下。由于该游戏会让孩子感受到一些不舒服，所以家长在旁边的鼓励和支持是非常重要的。

游戏进阶一：该训练可以增加更多的亲子互动，比如父母和孩子轮流转圈，然后走直线，看谁走的稳。或者孩子在转圈的时候手拿羽毛

球或者塑料球，另一个家长拿着脸盆或水桶，孩子一边旋转一边向家长的方向丢出手中的羽毛球或者塑料球，家长去接。

游戏进阶二：该训练也适合作为完成判断题的方式。比如家长让孩子在客厅中间旋转，左边放"√"卡片，右边放"×"卡片，孩子通过转圈后走直线拿相应的卡片来完成判断题。

游戏衍生：该训练游戏还可以衍生到孩子的回家作业中。比如，孩子可以坐在转椅上，一边旋转，一边完成听读、背诵、组词、造句、对话等口语作业。

训练游戏三：百变组合　　　　　　　　　　**时长：二十五分钟**

游戏方式：利用家里的桌子、凳子或者椅子等物件，排列成各种爬行路线，让儿童进行各种姿势的爬、钻、翻越、跨等行为。

游戏操作：完成该训练游戏的时候，父母可以增加更多的运动口令，例如躺着爬、侧着爬、手和脚着地爬，等等，以增加爬行的复杂程度。父母也可以根据孩子的前庭发展情况，增加更多的运动指令。例如前进、后退、改变爬姿，等等，给予孩子更为充分的训练刺激。

游戏进阶一：父母将家里沙发和床上的靠垫、枕头随意堆叠，并排列成一条直线。父母分别坐在直线的两端。儿童从爸爸这里出发，携带一个玩具或者合适的物品，从一端开始爬行到另一端，并把东西交给妈妈，然后从妈妈那里得到另一件东西再返回爬到爸爸这边。为了让孩子能够更有动力进行训练，父母可以在期间给予拥抱、亲吻作为奖励。

游戏进阶二：该游戏也可以与孩子的回家作业相结合。例如从爸爸这里得到一道口算题目，一边爬一边心算答案，等爬到妈妈这边的时候，将答案告诉妈妈，正确的话可以得到奖励。

游戏衍生：该训练还可以与其他训练结合。例如将家里的桌、椅等小家具布置成障碍，用枕头布置出规定行进路线，起点放置作业内容，儿童绕至终点完成作业。该训练适合于口算、选择题、填空题、抄写等作业形式。

其他日常训练　　　　　　　　　　　　　　　　时长：随时

游戏方式：其实大多数的身体运动，例如滑冰、打篮球、踢足球、游泳等，都具有训练孩子前庭觉的功能。只不过儿童前庭觉的训练需要大量丰富的刺激，单一的体育锻炼训练效果不够全面，因此我们还是建议婴幼儿的父母每天带孩子进行多种不同的身体运动，这样对前庭觉的训练更为有效。

荡秋千：孩子采用坐姿或站姿进行荡秋千活动（需要成人加以监护）。可以先从成人辅助帮忙推秋千开始，过渡到孩子独立荡秋千。

后仰扔物：孩子与家长相距3至5米，孩子背朝家长，双手抓住物品，后仰身体朝家长的方向扔出物品，家长接住。孩子扔出物品后，转身与家长面对面，家长再把物品扔给孩子，如此进行循环。延伸方法：孩子后仰扔物技术熟练后，家长与孩子互相后仰扔物。

立定跳远：孩子单次或连续多次完成立定跳远动作，后者类似于"蛙跳"。

推小车：①请孩子在平地上四肢撑地，面部朝下，做好准备动作，家长双手抓住孩子的脚腕，把孩子的双腿抬起，让孩子双手撑在地上，反复练习，并延长孩子双手撑地的时间，保持 30 秒钟以上；

②当孩子双手撑地比较稳，能坚持一段时间后，让孩子双手交叉前行；

③当孩子用手交替前行能做到又快又稳后，可以增加难度，在孩子前进路线上设置一些障碍，如玩偶等，让孩子绕过障碍前行。也可以让孩子上坡道或下坡道。

手推车： 儿童双手着地，家长抬起孩子的脚，儿童看好作业内容，然后由家长将孩子从起点"推"到终点，其间完成作业。

顶书本： 孩子坐在凳子上或者贴墙站立，头顶书本，尽可能不要让书本掉落。

踩着父母的脚： 孩子（一、二年级的儿童为宜）与父母面对面站立，踩在父母脚上，一边移动，一边背诵或者对话。

第八章

皮肤触觉的相关问题与相应的家庭训练

1958年,美国心理学家哈洛做了一个独特的心理实验。在这一实验中,哈洛把刚刚出生的婴猴从母猴所在的笼中取出,放到另一个装有两个人造母猴的笼子里。人造母猴用金属丝编成,其中一个纯金属丝的人造母猴胸前安有一个奶瓶,另一个的表面包裹着柔软的布,但不安奶瓶。小猴喜欢哪个"妈妈"呢?中国有句古话叫"有奶便是娘",但实际上,小猴子只是在觉得饿的时候跑去吃奶,其余时间则总是依偎在"布妈妈"的怀里。如果在小猴离开"布妈妈"玩耍时,突然给它看一个模样古怪的庞然大物,这时小猴子会惊恐万状地撒腿奔向"布妈妈",紧紧依偎着它。但如果把"布妈妈"换成"铁丝妈妈",小猴就不会跑去寻求安慰了。

该实验揭示了两个现象:①和食物相比,婴猴更需要的是柔软、温暖的皮肤接触。②皮肤触觉对于婴猴情绪有着明显和直接的影响。同样,人类的婴儿也不是"有奶便是娘",小孩子只有在母亲温暖的怀抱里接受大量柔软而温暖的皮肤触觉刺激,才能健康成长。

皮肤，是我们人体最大的器官，它覆盖全身，帮助我们抵御有害物质的侵入。同时，它也是婴儿探索外部世界的第一工具——当儿童用手指或者嘴唇触碰物品的时候，皮肤触觉将外部物体的信息传递给孩子的大脑。皮肤就像一层外壳包裹着躯体，让孩子明白什么是内在的，什么是外在的。当父母拥抱、亲吻、呵护孩子的时候，这些肌肤体验和刺激对孩子的智力发展、情绪控制、自我认知都非常重要。

除了真实的皮肤，还有一层看不见摸不着的"心理皮肤"包裹着我们，它关乎孩子和物品、孩子和他人的关系，它是孩子们的安全界线，也是孩子们情绪感知、控制能力和人际关系的基础。虽然父母看不到孩子和自己的心理皮肤，但是我们可以借着生活中的一些现象去感知它的存在。比如，当我们在和陌生人说话的时候，我们总是会下意识地保持一定的距离。如果对方突然突破这个距离，那么随着距离的靠近，我们的内心就会感到越来越紧张，直到我们无法抗衡这份紧张，做出行为反应——逃离或者保护自己。这种情感感知与控制的能力便是我们的"心理皮肤"。

第一节　由皮肤触觉带来的错误行为与训练方向

儿童皮肤触觉的发展需要大量的外界刺激，一旦外界的刺激不足或者过量，就会造成儿童皮肤触觉的发育问题。所以，剖腹产出生的孩子往往容易出现皮肤触觉发育、发展问题。这并不是说剖腹产出生的孩子一定会有皮肤触觉问题，只是由于出生时婴儿的皮肤没有经过产道的挤压和刺激，和顺产的孩子比，他们出现皮肤触觉问题的可能性更大。另外，一些情感比较内敛，不太采用拥抱、亲吻、抚触等皮肤接触的方式来传递情感的家庭，以及对孩子的健康过于关注，

当父母拥抱、亲吻、呵护孩子的时候,这些肌肤体验和刺激对孩子的智力发展、情绪控制、自我认知都非常重要

不太允许婴儿随意接触物体（例如不允许婴儿啃咬玩具、不允许孩子光脚在家里跑动等），也常常容易使得孩子皮肤触觉的发展出现异常。

"我们家孩子从小就手欠，上课的时候因为小动作不断，老师就让他坐在角落里。都已经这样了，那你乖一点啊。没的，听课的时候就在那里抠墙壁，上周老师把我叫去了，好好的墙，抠出了个大洞！你说这叫什么事。"

"我们家孩子从小脾气比较倔，爸爸打他从来不哭的，有的时候打到我们自己都心疼了，他也不哭，就这么硬撑。他才二年级，服个软又能怎么样呢！"

一般来说，皮肤触觉问题可以分为两种形态，一部分表现为皮肤饥渴，另一部分则表现为皮肤敏感。皮肤饥渴的孩子往往特别渴望享受皮肤的接触，他们会不断请求父母抱抱，要求父母抓痒痒，或者喜欢用柔软温暖的东西接触皮肤。所以在学校里，他们也表现得特别黏人，常常去拥抱同学或者老师。这种行为会让老师、同学和父母觉得被"打扰"，甚至被"冒犯"。如果皮肤饥渴的儿童无法得到满足，他们就会尝试着进行自我刺激，例如，他们会触摸自己的敏感部位，或者挤压、抠挖、切割、搓捏手上的东西，或者喜欢光脚踩在地上跑来跑去，甚至喜欢在地上趴、爬、翻滚。如果长期不满足皮肤饥渴的孩子对于触觉的渴望，他们就会变得焦躁不安，导致出现各种注意力的问题。皮肤饥渴的儿童常常感受不到细微的皮肤刺激，皮肤触觉相对比较迟缓。他们对于轻重的感知常常出现异常，以至于他们觉得只是轻轻碰了一下时，其实已经用了很大的力量；同样当别人用力打他们的时候，他们的感觉也只是被轻轻碰了一下。这一特点就像我们人体有些角质化的皮肤会形成老茧，这时我们对于外部环境的感觉就会变得迟钝。比如我们脚后跟皮肤对于温度的感知就没有手指灵敏，所以冬天使用热水袋的时候，我们的脚感觉热水袋已经不热了，但用手一摸却能感受到热度。也就是说，面对不敏感的皮肤，我们需要不断提高外界刺激的强度，才能让我们对外界的环境有感知。这就是为什么有一些皮肤触觉发展异常的孩子，需要更夸张的姿势、更沉重的力量，或者更长久的时间来让自己感知到皮肤的触觉信息。

小喵是一个幼儿园大班的小女孩，出生时足月，剖腹产，体重6斤8两。由于父母工作忙，断奶后，孩子就由奶奶带大。小喵胆子很小，怕黑，睡觉的时候总是黏着奶奶要陪着睡觉，即便睡着了有时候也会半夜突然惊醒，并且嚎啕大哭。孩子妈妈觉得这样下去孩子会不够独立，就逼着孩子自己睡觉。半个月后，奶奶在给孩子洗澡的时候，发现孩子大腿和背上有指甲划出的血痕，偶尔还会看到孩子抚摸自己的生殖器。妈妈也发现孩子脾气越来越差，动不动就生气，还顶嘴。

儿童的皮肤饥渴问题常常伴随着安全感的缺乏。甚至有一种观点认为，儿童正因为安全感受损才导致出现皮肤饥渴的问题。无论什么观点，至少我们能够大致勾勒出一个皮肤饥渴孩子的行为模型：他们渴望皮肤接触，常常为此而弄痛同学；他们用不断重复触摸的动作来满足自己，常常因此导致违反课堂纪律。面对皮肤饥渴的孩子，我们需要通过训练让孩子的皮肤触觉变得敏感，并为他们建立更为良好的安全感。

"我们家孩子总喜欢告状，开学不到两周，办公室里的所有老师就都认识她了。她最多的一次，一天告状了三四回，说同学欺负她。结果老师问全班同学,其他同学都说没看到,但孩子就一直哭着说别人欺负她,把她弄得很痛。"

"我们家孩子不管天多冷,从来不喜欢穿高领毛衣,总说扎脖子。而且很抗拒别人碰她,有的时候我带她出去聚会,别人看到我们孩子很可爱,摸摸她的头,她就会生气,有时候还尖叫,弄得我们很没面子。"

如果说皮肤饥渴的孩子主要表现为外部刺激大但孩子反应小,那么触觉敏感的孩子主要表现就是外界的触觉刺激小,但是孩子反应却很大。为了帮助家长理解这一点,我们可以设想一个场景来说明这些孩子的感受。有的时候我们成年人会因为一些烧伤或者烫伤的意外而损伤皮肤,继而暴露出里面的鲜肉。这个时候,失去了皮肤保护的身体部分就会让我们变得更为紧张和小心,因为哪怕一片羽毛轻轻触碰到没有皮肤保护的伤口部位上,我们都会有强烈的火烧火燎般的疼痛感。皮肤触觉过敏的孩子对于温度、压力等外界环境的感知也近似如此,只不过不同孩子的强烈程度不同。

皮肤触觉问题还会带来以下这些问题:

1. 行为问题

- ◆ 经常舔手指头或咬手指甲,不喜欢别人帮忙剪指甲。
- ◆ 抗拒洗头或者理发。
- ◆ 吃饭的时候感觉不到脸上、手上黏着饭粒菜渍。
- ◆ 不停地到处碰、触摸。
- ◆ 常常喜欢穿宽松的长袖衣衫,哪怕不冷也喜欢穿毛线衫或夹克。
- ◆ 对某些布料很厌恶,抗拒穿高领毛衣,讨厌触碰毛毯和编织玩具的表面,对衣服的标签感到难受。
- ◆ 被父母抓痒的时候特别享受。

触觉防御过敏的孩子,在排队的时候,总是在队伍里扭来扭去,频繁和前后同学产生矛盾,严重的甚至会脱离队伍,跑到远处躲着

- 扭/抓身体皮肤，有时甚至会抓出血痕。
- 有轻微的自虐行为，比如揪头发、头撞墙、常常触摸生殖器。
- 挑食，偏食，抗拒某些类型的食品，对另外某些类型的食物又难以抗拒，甚至为了吃到这类食物会采用偷吃、发脾气、耍赖、纠缠等方式。
- 不喜欢穿鞋，在家里经常光脚跑来跑去，即便按要求穿上拖鞋，过一会儿也会把拖鞋甩飞。
- 上课时常做小动作，具体表现为频繁搓揉、抚摸、啃咬某些物品。

2. 社交问题

- 不喜欢被别人触碰自己的脸、手等暴露皮肤的部位。
- 成人搓揉孩子的头发时，或者协助孩子穿衣服时，会因为被碰到皮肤而生气。
- 不喜欢人多的地方，在幼儿园或者小学上课时会从班级里跑出去。
- 外出逛街或者旅游的时候，常常缠着父母要求带自己离开某些场所。
- 当学校小伙伴排队的时候，总是在队伍里扭来扭去，频繁和前后同学产生矛盾，严重的甚至会脱离队伍，跑到远处躲着。
- 和伙伴在一起聊天或者游戏的时候，会因为别人从身后走近而产生反应，比如攻击、回避、告状、哭泣等自我保护行为。
- 在学校总是告状，说同学弄伤、弄痛、欺负他。
- 在学校有掐人、扭人、拍人等攻击同伴皮肤的行为。
- 爱谈天或无接触的交往，但很不愿意跟朋友搭肩或做肌肤接触。
- 顽固偏执，不合作，一直坚持依自己的方式办事，处理问题没有灵活性。
- 可以在很远的距离上和别人打招呼，但一旦别人靠近就会害怕、逃离，甚至攻击对方。

3. 情绪问题

- 对亲人容易发脾气，常因为小事而情绪激动。
- 遇事会强词夺理。
- 因为一点点小事，例如被老师批评了几句，就多次向人表示不喜欢去学校，对上学产生恐惧。
- 对自己的事物很敏感，很容易动情，当计划或结果改变时不能容忍。
- 对轻微的瘀伤、小肿块、小刀伤等，总觉得很痛而诉怨不止。
- 胆小，怕黑，入睡时总要开灯，有时候在父母已经花时间陪伴的情况下依然黏人到让父母感到厌烦。

皮肤触觉的过敏和迟钝会让孩子本能地逃避或者寻求皮肤刺激，比如，不愿洗头（逃避水流和洗发露带来的刺激），或者光脚乱跑（寻求地面、沙发、床品带来的刺激）。而因为皮肤触觉异常导致的心理皮肤发展异常，则会导致孩子无法准确地感知外部和内在的界线，诱发孩子对环境的安全性感到担心（胆小、怕黑、恐惧等），从而引发孩子产生过度保护自己的行为（比如发脾气、攻击、告状、黏人等）。

当孩子的重复性错误行为大多与上述情况产生联系的时候，往往暗示着导致孩子错误行为的原因很有可能与皮肤触觉发育有关。如果父母在分析的时候发现自己的家庭教育对孩子皮肤触觉的刺激的确比较少，那么就更能证明上述结论的可能性是很大的。因此，我们需要通过不断给予儿童皮肤针对性的刺激，来帮助孩子提高或者降低皮肤的敏感性。

第二节 改善皮肤触觉问题的家庭训练游戏

皮肤触觉训练包含了对儿童皮肤实施轻重、冷热、震荡、疼痛等刺激的游戏和活动。训练的目的有两个：一是调整孩子皮肤触觉感受与真实刺激之间的差异，另一个是掌握良好的心理皮肤功能。特别要注意的是，孩子的头、脸和身体其他部位是两个不同的触觉系统，家庭训练的时候要予以区分。

游戏训练一：揉物轻撩 　　　　　　　　　　　　　**时长：五~十五分钟**

　　游戏方式：用羽毛、细线、毛绒玩具等细软物品撩拨孩子肌肤。

　　游戏操作：孩子洗好澡以后，让他趴在床上，家长用毛笔、羽毛球的羽毛、毛绒玩具、棉线、软刷、触觉刷等物品，对孩子的皮肤进行触、划、压、拍等刺激，刺激的时候从身体不敏感的部位逐渐过渡到敏感的部位。

　　游戏进阶一：当孩子感到有些无聊的时候，为了达到训练的效果，我们可以把这个游戏进行进阶。例如，我们让孩子闭上眼睛，让他自己说出希望被刺激的部位，比如左边的耳朵、右膝盖、左脚的拇指等，家长用手边柔软的东西按照孩子的指令进行刺激。

　　游戏进阶二：这个游戏还可以和孩子的回家作业相结合。当孩子复习字词时，家长可以用毛笔、圆珠笔杆等物品在孩子不同的部位写字，写完后孩子根据触觉说出父母写的字，并组词。

　　游戏进阶三：父母还可以这样玩这个游戏，即父母从孩子的错题本中收集孩子本学期的错别字或者易错字词，在和孩子游戏训练的过程中，用手边柔软的物体在孩子身体的各个部位进行书写，孩子根据触觉，判断父母写了什么字，是否写错。

游戏衍生：根据训练原理和操作方式，父母可以灵活地把该训练游戏和孩子的书写类回家作业相联系，例如抄写、听写、拼写、口算、英语单词拼写等。训练时采用父母写，孩子利用触觉感受父母写了什么，并做出正确的回答。

游戏训练二：床上翻滚　　　　　　　**时长：累计翻滚时长五～十分钟**

游戏方式：在床上随意翻滚。

游戏操作：孩子穿贴身内衣，或者轻薄的衣物，在床上前后或者侧身连续翻滚。翻滚时间越长，翻滚次数越多，训练强度就越大。该训练可强化孩子皮肤触觉对压力、摩擦的感受。

游戏进阶一：除了在床上翻滚之外，孩子也可以在地毯上、榻榻米上、木地板上，甚至放满水的浴缸里进行翻滚，也可以和爸爸妈妈一起在床上、榻榻米上打打闹闹。

游戏进阶二：家长和孩子一起玩"人体不倒翁"的游戏。一位家长和孩子面对面坐好，双腿盘坐，双手抓住脚踝，听到指令后快速后倒后坐起，状如"不倒翁"。另一位家长坐在孩子身边作为保护。

游戏进阶三：如果孩子今天有口算或者背诵作业，则该游戏可以作为完成作业的奖励实施。例如，爸爸和孩子玩"人体不倒翁"，妈妈念背诵段落的第一句，爸爸和孩子抢答接下句；或者妈妈念题目，爸爸和孩子口算答案等，谁先回答正确，谁可以玩一次"不倒翁"（游戏时要注意保护）。

游戏衍生：父母可以灵活地把本训练游戏与抢答类口答作业进行结合，将游戏训练视作亲子奖励的活动。一方面可以训练孩子的皮肤触觉，另一方面也是在干预孩子的心理皮肤的发展。

游戏训练三：感受吹风　　　　　　　　　　　　时长：五~十分钟

游戏方式：用吹风机吹拂孩子肌肤。

游戏操作：孩子穿贴身内衣，躺下或坐下，父母用吹风机由远及近地吹拂孩子的身体，吹拂的顺序从后颈吹到后背，再吹到孩子的小屁股，最后再到手和脚。吹风机的状态设置顺序是热风—冷风交替进行。注意吹风机与孩子的身体要保持适当的距离，以训练刺激孩子皮肤触觉和温度觉。

游戏进阶一：为了增加孩子训练的主动性，父母在给孩子训练的时候，主动权可以交给孩子控制，家长和孩子约定身体各个部位所代表的选项，比如，吹头 =1、吹背 =2，或者吹左脚 =A、吹右手 =B，孩子说选项，父母则移动吹风机到约定部位；也可以反过来，父母说选项，孩子移动吹风机到约定部位。

游戏进阶二：该训练可以和孩子的回家作业相结合。比如，当孩子学了 100 以内的数时，家长可以用吹风机在孩子不同的部位写数字，写完后孩子根据触觉说出父母写的数字，并接着这个数，连续数 5 个数，这样在训练孩子触觉的同时，也完成了数学百以内数的复习。

游戏进阶三：父母还可以这样利用这个游戏，即父母从孩子的口算本中收集孩子本学期的易错计算，父母说算式，孩子用吹的部位来表示选项。也可以在和孩子游戏训练的过程中，用吹风机在孩子身体的各个部位进行吹风，孩子根据触觉，判断父母表示了什么算式，并计算出结果。

游戏衍生：根据训练原理和操作方式，父母可以灵活地把该训练游戏和孩子校内布置的回家作业相联系，例如选择题、判断题等。训练时采用父母出题，孩子利用吹风机吹相应部位的方式。例如，吹左大腿＝肯定，吹右大腿＝否定，以此来回答相应的题目，父母则帮助孩子把答案书写在回家作业上。

游戏训练四：床单探秘　　　　　　　　时长：十~二十分钟

游戏方式：用床单（或者大毯子）裹住孩子和玩具，然后摇晃、搓澡，让孩子在里面翻滚。

游戏操作：父母抓住床单的四个角，把床单变成一个口袋，往里面放入一些玩具，孩子穿贴身内衣钻入口袋，父母摇晃、震荡床单，让玩具和孩子在床单里充分接触，以刺激孩子的皮肤触觉。

游戏进阶一：为了促进孩子训练，激发温暖的亲子关系，该训练可以父母和孩子一起做。例如，父母和孩子分别钻入由床单或毯子包成的口袋，然后在同一起点开始翻滚或连滚带爬，看谁先到达终点。

游戏进阶二：该游戏还可以增加难度，比如把床单变成一个口袋之后，放入两三个大一点的玩具（不同材质的玩偶、小球等），孩子进入口袋的时候，头脸露在外面。父母摇晃、震荡床单，让玩具和孩子在床单里充分接触后，让孩子通过皮肤触觉来感受床单里是哪些玩具。

游戏进阶三：该游戏还可以和孩子的数学口算相结合，在床单里放入弹力球、塑料球或者羽毛球若干，父母口述或者书面呈现数学算式，孩子口算后通过身体扭动，挤出和答案数量一致的玩具。

游戏衍生：根据训练原理和操作方式，该游戏还可以和孩子回家作业中的选择题相结合。例如，在孩子的床单口袋里面放入四个事先约定好的不同材质、不同种类、不同性质，或者不同样子的玩具，例如长毛兔=A、鲸鱼布偶=B、皮质长颈鹿=C、木头小马=D，然后家长口述或者书面呈现回家作业题目，孩子通过身体扭动从被单里挤出相应的玩具进行作答。父母帮助孩子在回家作业本上书写答案。

游戏训练五：积木洗澡　　　　　　时长：十五～二十五分钟

游戏方式：儿童在放满积木和玩具的箱子里玩耍。

游戏操作：准备一个能装下孩子的大纸箱，例如大型家电的包装纸箱或者整理箱，将孩子抱入箱内坐好，再将孩子小时候的积木、飞行棋、军棋的棋子、乐高零件、海洋球等玩具倒入箱内，把孩子半埋在里面。孩子和父母就像"洗澡"那样用双手扒拉玩具，让多种物体刺激孩子的皮肤触觉。

游戏进阶一：在"积木洗澡"的基础上，家长可以用脸盆装半盆积木，让孩子趴在纸箱里，然后，将脸盆中的积木缓慢倾倒到孩子的背上、腿上、手上、屁股上。倒的时候可忽快忽慢，时有时无，也可一下子全部倒下去。

游戏进阶二：该游戏还可以增加亲子互动，例如在进阶一的训练中，孩子和父母约定口令小雨——大雨——暴雨——阵雨，父母控制倾倒的速度和方式。孩子根据身体皮肤的触觉，说出父母是按怎样的口令在倾倒：小雨——缓慢倾倒；大雨——快速倾倒；暴雨——一下子全部倒下；阵雨——一会儿倒，一会儿停。当然，换成孩子喊口令，父母按照口令要求倾倒也是可以的。

游戏进阶三：该游戏还可以与语文背诵作业进行结合。父母事先把需要背诵的段落拆成一句句话，然后在 A4 纸上写下每一句话的开头几个字，或者是要背诵的古诗题目等，然后把 A4 纸揉成纸球，混在积木池里。孩子蒙眼站在纸箱内，用手在纸箱中快速寻找纸球，找到后根据提示完成背诵作业。

游戏衍生：根据训练原理和操作方式，该游戏还可以和孩子其他类型的回家作业进行结合，比如父母可以和孩子约定积木零件的颜色所代表的选项。比如，黑色 =A，红色 =B，绿色 =C，蓝色 =D，以此来完成回家作业中的选择题。再比如，在纸箱的两条短边旁分别放上凳子作为桌面，孩子在纸箱的积木堆里爬行或行走到一张凳子前，完成诸如抄写、计算等不太复杂的书面作业，如果完成的结果正确无误，则奖励爬行或行走到对面的凳子前，再完成几道书面作业，如此来回反复，直到书面作业完成。

游戏训练六：围棋指压板　　　　　　　　　　　　　时长：十五分钟

游戏方式：儿童在围棋子或指压板上翻滚，或踩踏跳跃。

游戏操作：将围棋子洒落在地板上，儿童光脚或者穿袜子，在上面踩踏。将围棋子换成指压板也有同样的效果。注意，孩子一开始踩踏跳跃时，父母要搀扶孩子的双手，做好保护，防止孩子因脚下的刺激而站立不稳，跌倒受伤。

游戏进阶一：为了促进孩子训练的兴趣，父母可以和孩子一起进行亲子互动，比如父母与孩子玩成语接龙的游戏，接不上的一方可以请他到指压板上学猫走一走，或者到指压板上学袋鼠跳一跳，甚至跑一跑、滚一滚，帮助孩子充分体验不同方式所带来的丰富的触觉体验。

游戏进阶二：我们的游戏也可以配合校内的学习展开。父母可以梳理一下孩子当天的回家作业，将游戏和作业中的选择题相结合，在增强孩子对作业兴趣度的同时，增加触觉刺激，增进触觉体验。玩法如下：以孩子为圆心，在孩子前后左右四个方位分别放置四块指压板，依次代表 A、B、C、D 四个选项。在确认孩子明确规则的前提下，父母报题目，请孩子做出选择反应，即如果选 A，孩子就跳到代表 A 选项的指压板上，父母就将孩子的选择写到答题纸上。以此类推，直至完成作业。

游戏衍生：根据训练原理和操作方式，指压板游戏训练也可以与孩子的学习相结合。比如在指压板上跑动的同时和父母玩传接球的游戏，既达到了触觉刺激的目的，又练习了体育学科中有关篮球方面传接球的技能。再比如，孩子学习 100 以内数的加减法，父母可以给孩子出口算题，孩子计算说得数。只要答对，就可以在指压板上前进一格，如果输了，就倒退一格。这样的训练一方面和学校的学习相结合，巩固了孩子学过的知识与技能，同时又起到了训练触觉的目的，提升了训练的趣味性和实用性。

游戏训练七：玩沙游戏　　　　　　　　　　时长：十五~二十五分钟

游戏方式： 儿童旅游外出遇有沙丘或沙滩时，可让孩子穿单薄的衣服甚至泳装，随意玩沙。

游戏操作： 在孩子随意玩沙的时候，父母可以用沙搓揉孩子皮肤，或和孩子一起在沙丘上翻滚、匍匐、跳跃、爬行，以及其他亲子互动游戏。活动前须检查场地的安全性。

游戏进阶一： 在用沙搓揉孩子皮肤的基础上，家长可以和孩子一起玩"以沙埋人"游戏，掩埋的时候注意保护头脸，有条件的家庭可以给孩子戴上护目镜。如果游戏地点是在海滩上，那么可以考虑用干沙和湿沙混合掩埋，或者用干沙掩埋好后再倒点水，让孩子体验干湿、粗细、冷暖的多重刺激。

游戏进阶二： 玩沙游戏还有以下一些有趣的训练方法。比如在水桶里装满湿沙，然后倒扣在沙滩上，就会形成一个沙堆。父母可以预先制作一排沙堆，让孩子双手捧起搬运到一两米远的地方堆成城堡，或者父母喊身体部位，比如右手手背、屁股、左腿脚背等，孩子用父母喊到的部位把沙堆击碎等。

游戏衍生： 根据训练原理和操作方式，玩沙游戏训练也可以与孩子的学习相结合。比如通过用脚、手、小臂、屁股、膝盖、手指等身体部位在沙滩上留下连续的痕迹，形成字、拼音、数字、字母，以及加减乘除等各种符号，还可以完成各种学习题目。即便是在家里，父母也可以用大脸盆装上淘洗过的沙子，形成沙盘供孩子训练。孩子可以利用手指在沙上画出印记来完成学校布置的回家作业，或者画各种沙画。

其他日常训练　　　　　　　　　　　　　　　　　　**时长：随时**

其实许多常见的日常亲子行为，都有训练儿童皮肤触觉的功能。在大部分情况下，父母和孩子的皮肤接触越多，孩子的皮肤触觉发展就会越好。下面罗列了一些常见的亲子互动行为，各位父母不妨平时多与孩子玩耍互动。

呵痒痒：玩这个游戏时父母手指的力量变化可以从若有若无的轻点，到稍重的捏、拿、拍、打、按、刮，孩子在哈哈大笑中接受了训练。

拥抱：玩这个游戏时需要提醒父母的是，拥抱和把孩子抱在手上是完全不一样的。当孩子被父母拥抱的时候，孩子的皮肤触觉和心理皮肤都得到了发展的刺激，所以多抱抱孩子吧，不用担心父母的拥抱会把孩子惯坏。

洗澡后抚触：父母可以准备一个盒子，里面放上各种材质的衣物布料：丝袜、牛仔布、蕾丝、麻布、雪纺、棉布、丝绸……每次孩子洗好澡后随机选取三种，交替混合抚触搓揉孩子皮肤，从皮肤觉不太敏感的部位到皮肤触觉敏感的部位。

其他亲子互动：家长也可以根据自己家庭的情况，根据上述原理有意识地与孩子进行全身躯体接触的互动游戏。

第九章
本体觉相关问题与相应的家庭训练

"本体觉失调"是什么感觉？那些因为各种原因导致失去部分肢体的残疾人最有体验。事实上，几乎所有后天意外导致肢体残疾的人群，在康复的过程中都要经历本体觉失调的挑战。

比如，一个人因遭遇意外伤害而被迫截肢，失去了自己的左腿。可是当手术结束，患者逐渐清醒过来的时候，他明明已经看到自己失去了左腿，却依然会因为感觉自己的左腿是存在的而忍不住要去控制一下，有的时候甚至会因此而从床上掉落下来。

这种明明已经截肢，但依然感觉自己存在肢体的矛盾感，就是本体觉失调。

本体觉是孩子对于自己的手、脚、关节、肌肉等器官的感觉。我们不用看阶梯也能轻易上下楼梯，不照镜子也能用手摸到眉毛或鼻子，双眼看着电影银幕依然能准确地将爆米花塞进嘴里……这背后其实都有本体觉的功劳。换句话说，本体觉让孩子不用眼睛看，就能知道自己身体的任何部位在干吗。除此之外，本体觉还负责帮助儿童在运动之前，做好身体运动前的准备。比如下楼梯之前，我们会本能地做好准备，但是如果我们因为分心而在一开始就多估计了一级台阶的时候，那么我们虽然明明已经踩到了平地，但还是会有"一脚踏空"的感觉。不仅仅是上下楼梯，如果一个东西看着很重，但实际上很轻，那么我们在抬起这个东西的时候，也会有"岔了劲"的感觉，这就是本体觉给我们带来的运动控制。

第一节 本体觉失调带来的问题行为

1. 行为问题

◆ 上下阶梯或过马路时多迟疑；站在高处或有跌落危险时，表现得非常害怕。

◆ 对不寻常的移动（如上下车、后座移到前座、走不平道路等）动作缓慢。

◆ 对身体各个部位控制不够准确，导致获取物品时孩子常常拿不稳东西。

◆ 不能根据对象物的性质而掌握用力的轻重，常常将东西弄碎、弄坏。

◆ 预判细小的距离、细微的方向差异有问题，容易弄倒、放不稳物品。

◆ 手脚协调性差，甚至同手同脚。

◆ 行动晃荡、动作不稳、准确性差。

◆ 不能很好地解纽扣、取物、抓物。

- 在家里走动的时候总是碰撞桌椅，踢到床脚，碰倒杯子、碗，或者碰撞到旁边的人。
- 俯卧地板、床上的时候，无法完成伏地挺身的动作（头、颈、胸、脚、手举高离地。

2. 社交问题

- 内向，不喜欢出去玩，朋友少，沉默寡言，喜欢独处或在家里帮妈妈做事。
- 对游乐设施不感兴趣，不喜欢移动性玩具。
- 总是习惯放弃目标。
- 动作过大导致自身身体受到伤害或伤及他人。
- 在教室走动的时候，常常弄掉别人的书、铅笔盒、文具等，引发同学间冲突。
- 跑起来就控制不住自己，常常在运动中拉人、推人或者撞人，造成安全事故。
- 游戏时会因为动作幅度过大而伤害同学，把握不好行为的尺度。
- 有莫名其妙的动作而不自知。

3. 学习问题

- 语言发育迟缓，发音不清、口吃。
- 动作特别慢，写作业拖拖拉拉、边写边玩。
- 做作业时常抄错数、抄错符号，写字看一笔写一笔，还容易写错。
- 写字难看，笔迹颤抖，写的字出格或比例失调。
- 无法画平滑的弧线，书写笔画不流畅。
- 字迹很重或者很轻，写字时经常会折断铅笔尖。

下楼梯之前，我们会本能地做好准备，但是如果我们因为分心而在一开始就多估计了一级台阶的时候，那么我们虽然明明已经踩到了平地，但还是会有"一脚踏空"的感觉

◆ 上课、写作业时身体老是转来转去，不安地乱动，小动作多。

◆ 消极，没有上进心，缺乏自信心。

第二节　促进本体觉的家庭训练游戏

游戏训练一：抛物投接　　　　　　　　　　　　**时长：五～十五分钟**

游戏方式：在各种姿势下接住家长抛过来的毛绒玩具或篮球、网球等。

游戏操作：孩子站或者跪在床中间，家长站在两米远的地上，将毛绒玩具抛给孩子，孩子再将毛绒玩具抛回给家长。在抛接时，家长可以故意抛歪一点，以增加接物的难度。通过这样来回投接的方式，帮助孩子在运动中感受身体部位及位置的变化。

游戏进阶一：为了增加趣味性，也可以变换游戏的方式。比如，孩子站或者跪床上双手投接已经做得不错时，可以将游戏改为在沙发或者小型蹦床上一边垂直跳跃，一边进行双手投接或者单手投接。游戏时可以从双脚跳跃过渡到单脚跳跃，或者变换抛接物体的大小，通过变换游戏的方式，增加一些趣味性和训练强度。

游戏进阶二：这个游戏还可以和孩子的回家作业相结合。比如，当孩子需要背诵一篇短文，家长可以把球抛给孩子，让孩子接球，并拿球蹦跳，在孩子背诵完课文后，再把球抛回给家长。这样既达到了训练本体觉的目的，又完成了学校的背诵作业，一举两得。

游戏衍生：这个游戏还可以和其他游戏相结合，比如跳拍气球。孩子站于床上，手臂向上伸直，将气球悬挂于孩子手掌上方 20~30 厘米处，孩子跳起拍击气球。也可以设置红、绿、橙、黄四种颜色的气球，分别代表 A、B、C、D 四个选项，家长口述孩子需要完成的选择题，让孩子通过跳拍某种颜色的气球来做出选择，家长帮助记录。

游戏训练二：爬行捡物　　　　　　　　　时长：十五~二十分钟

游戏方式：在各种爬行运动中发展孩子的本体觉。

游戏操作：儿童在地板、地毯、床面上匍匐爬行，或四撑位爬行取物，家长可以通过指令调整孩子爬行的类型、方向、速度等。

游戏进阶一：稍微大一些的孩子，家长可以在其爬行线路上设置一些障碍物，比如矿泉水瓶，让孩子爬行绕过矿泉水瓶。也可以将爬行的过程以讲故事的方式进行，比如把高叠的被子当作高山，鼓励孩子爬过高山去取物品等。

游戏进阶二：上学的孩子也可以玩爬行的游戏，并且将游戏与校内的作业结合在一起。比如学习了 10 以内的口算，家长可以口述计算题，让孩子回答，只要孩子答对了，就可以爬行前进一格；答错了，倒着爬一格。此游戏也可以跟语文的诗歌背诵、词语接龙等结合在一起。

游戏衍生：根据训练原理和操作方式，父母可以灵活地把游戏和孩子的书写类回家作业相联系。例如选择题，训练时可以规定爬行方向前、后、左、右分别代表 A、B、C、D 四个选项，父母口述题目，请孩子用爬行的方向来做出选择。

第十章
工作记忆相关问题与相应的家庭训练

各位家长可以尝试一下下面这个游戏：请你大声读出下面文字的颜色

**Синий Фиолетовый Красный
Зеленый Фиолетовый Зеленый**

是不是非常简单？然后你再试试大声读出下面文字的颜色。

红　　绿　　蓝
黄　　紫　　白
绿　　红　　黄

是不是发现，自己在读颜色的时候速度变慢，而且还容易受到文字含义的影响而读错呢？其实，这个有趣的小游戏就是1935年由美国心理学家John Riddly Stroop 发现的著名的"斯特鲁普效应"。

斯特鲁普效应是指在一个任务中，我们的优势反应对非优势反应的干扰现象。例如，当人们回答有颜色意义的字体的颜色时，回答字本身的意义为优势反应，而回答字体颜色为非优势反应，若字体颜色与字义不同，人们便会反应速度下降，出错率上升。

在现实生活中，我们也常常受到斯特鲁普效应的影响，比如右面这个幼儿园的观察题，就需要你抑制自己对于数字的优势反应。你会做吗？

7111=0　　　5555=0

8809=6　　　8193=3

2172=0　　　8096=5

6666=4　　　4398=3

1111=0　　　9475=1

2222=0　　　9038=4

7662=2　　　3148=2

9313=1　　　2889=?

0000=4

在日常生活中，我们的大脑要经常完成许多任务。例如，在打电话的时候记录一个陌生的电话号码，或者心算一下商品的价格，以及在睡觉前计划一下明天要做的事情等。在处理这些事情的时候，我们需要大脑为我们提供一个"工作界面"，用来临时堆放来自各个方面的信息，并进行组装加工。这个"工作界面"就是我们的工作记忆。工作记忆由中央执行系统，以及为其服务的三个子系统——视空模板系统、语言环系统和场景缓存系统组成。其中视空模板系统负责视觉材料暂时存贮和处理，主要用于加工视觉和空间信息。语言环系统负责口语材料的暂时存贮和处理，主要用于加工以语音形式保存的各种信息。情景缓存系统则负责为这些信息提供容量有限的平台，以实现信息编码。而中央执行系统则包含着刷新、抑制和转换三大功能。

我们可以用孩子们拼搭乐高积木的场景来解释工作记忆的运转过程。当儿童开始拼搭积木的时候，首先他们要把乐高积木从存放玩具的箱子里或者刚买回来的包装盒里拿出来，全部倒在桌子上，然后按照积木的种类、颜色和特性把散乱的积木分类成几堆，再根据图纸或者自己的创意从中取出一块块积木，通过按压、插拔、扭转、撬拉等动作，将这些积木相互连接，最终通过自己的努力拼搭成一个作品。在这其间，零散的积木，拼了一半的零件，甚至拼搭图纸都会放在孩子的玩具桌上，直至孩子完成任务之后把他们全部收好，将桌面清空。

在这个过程中，桌面就是孩子的工作记忆，按功能分类的积木堆就是视空模板、语音环和场景缓存，按压、插拔、扭转、撬拉等动作则类似于信息编码，而对桌面和零件的处理，例如，暂时清理一下桌面、同时拼搭两个零件以及在分类好的一堆类似的零件中找到自己要的那个等动作，就是中央执行功能中的刷新（暂时清空）、抑制（在具有干扰性的信息中找到目标信息）和转换（同时做两个任务）。

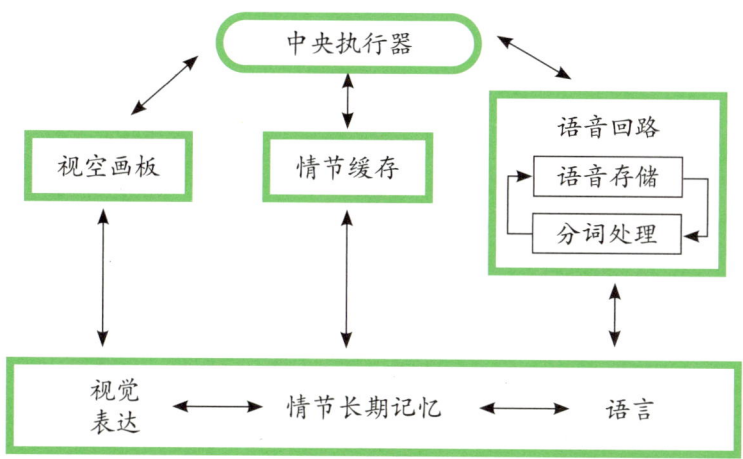

第一节　工作记忆受损带来的相关问题及解决方向

"我们女儿作业是会做的,就是动作慢。那天我就坐在她旁边,看她做口算,前面一个6+4=?马上就把答案写出来了,结果做到第二页又遇到6+4=?她就莫名其妙卡住了,嘴里念叨着:'6+4=,6个加上4个是几个?'卡了快半分钟才反应过来等于10。这种情况,难怪别人8分钟能做完的作业,她要做40分钟。老师,你说怎么办?"

在学校里,我们总能看到很多类似这样的孩子,他们不是不努力完成作业和学习任务,但是他们的效率的确让家长感到心塞。许多家长着急上火却始终不明白孩子为什么会这样,只能将一切都归结于孩子的"学习态度"问题,实际上造成他们学业任务困难的原因只是因为他们的工作记忆发展受损。

对于工作记忆中刷新功能受损的孩子来说,他们的"工作界面"就像一块擦不干净的黑板,随着学习进度的推进,进入大脑的学习信息越来越多,"黑板"上擦不干净的信息也越来越多,最终导致他们迷失在纷繁杂乱的信息中

1. 刷新功能受损

刷新是工作记忆中中央执行功能的核心成分，是指大脑根据正在实施的学习任务的进度，用不断呈现的新信息来替换已经使用过的，或者与当前任务进度关联不密切的旧信息的过程。举个简单的例子来理解这一点，数学老师在上课的时候，都会用粉笔在黑板上写下重要的计算公式或者进行演算。当一道题目讲解完毕的时候，老师就要用黑板擦把前面的内容擦掉，然后开始书写下一道题目。这个把前面的内容擦掉，并书写下一个内容的过程就是"刷新"。我们可以想象一下，如果这块黑板是擦不干净的，那是一个怎样的状态呢？很显然，黑板上的字就会不断叠加，变得密密麻麻，难以辨认，影响老师讲课和学生听课的效率。

对于工作记忆中刷新功能受损的孩子来说，他们的"工作界面"就像一块擦不干净的黑板，所以他们的学习状态就会表现为"虎头蛇尾"。在他们开始学习或者做作业的时候，由于"黑板"是干净的，没有干扰的，所以他们就能用相对比较高的效率来完成学习任务。而随着学习进度的推进，进入大脑的学习信息越来越多，"黑板"上擦不干净的信息也越来越多，并逐渐影响孩子的学习效率和准确性，最终导致他们迷失在纷繁杂乱的信息中。这时孩子们往往会做一些和学习无关的事情，例如发呆、玩文具、吃东西、上厕所等，待到脑海里的信息随着时间逐渐忘却，他们才能够继续高效地学习，直到"黑板"再一次因为擦不干净而变得纷乱。

2. 抑制功能受损

抑制是工作记忆中中央执行功能的另一个核心成分。在学习过程中抑制功能的作用包括：1.阻止与当前学习任务无关的信息，2.屏蔽不符合当前学习任务的思维定式干扰，3.防止记忆中与当前学习任务有联系但不相干的信息被激活。

我们在"斯特鲁普效应"中,便可以体验到抑制功能对儿童学习任务的影响,这里我们可以用搭积木的比喻来解释抑制功能受损的儿童会遭遇怎样的学习困难。

对于抑制功能受损的孩子来说,他们在学习任务中最大的问题就是难以精确地提取学习任务所需要的信息,因为那些对于他们来说已经形成习惯的"思维定式"常常干扰他们的学习任务。这就好像原本儿童已经习惯了拼搭一个尖顶的城堡,突然这次的任务是拼搭方顶的城堡时,儿童很容易按照原有习惯,在积木堆里拿一个尖顶出来。除此之外,抑制功能受损的孩子很容易因为优势反应而影响非优势反应的工作。所谓优势反应,是指熟练程度极高、遇到某种刺激信号后会自动做出的反应。对于儿童而言,对于图形的处理是优势反应,而文字则是非优势反应,所以当图形信息和文字信息共同出现的时候,尽管图形信息对当前的任务没有意义,但儿童依然会自动处理图形信息而忽略文字信息。

3. 转换功能受损

转换是工作记忆中中央执行功能的第三个核心成分。在现实生活中,我们常常会遇到需要在同一时间同时进行两种或者两种以上任务的情况。比如,一边听课一边记笔记,一边组织语言一边书写等。在这个过程中,看似同步执行的两个任务,其实是在极短的时间里交替转换进行的。这种在多个任务中来回切换的能力就是转换功能。转换功能对于儿童完成学习任务至关重要,转换功能受损的学生在需要两个或者两个以上的操作任务相互配合的学习项目上会遭遇令人难以理解的麻烦。

以汽车驾驶为例,当我们在陌生城市的道路上驱车前行的时候,我们可以一边听从导航信息,一边识别路牌、标识和交通信号灯,一边还可以熟练地驾驶车辆。在这个过程中,我们的工作记忆不断地在听导航、看路牌和驾驶车辆这三个操作任务之间来回切换。那么如果驾驶员的工作记忆转换功能受损,又会发生什么情况呢？首先，当导航开始播报信息的时候，驾驶员就需要把车停下，因为当他关注播报信息的时候，他就会对车辆驾驶失去控制。其次，在驾驶员刹车停车的这段时间里，由于他无法同步切换处理导航所播报的信息，所以停车后他必须重新再听一次。最后，每到一个路口的时候，司机都要停车并确认路口的信息，然后再发动汽车重新上路。假如您是乘客，乘坐这样的汽车您的感受肯定非常糟糕。这与辅导很多转换功能受损的学生完成作业时的感受几乎一模一样。

4. 工作记忆发展受损的其他表现

◆ 能执行指向一个动作的指令，但对包含几个前后关联动作的指令执行常常有误。

◆ 对简单的一步心算能够胜任，但对于需要两步甚至多步心算的题目总是做错。

◆ 不能一边听课一边记笔记，或者一边思考一边做题，感觉平时都很灵光，一到学习或者做作业时就比较木讷甚至反应慢。

◆ 对于简单的计算，正确率和效率很不稳定。有的时候能做对，有的时候就做错；做同样的题目有的时候很快，有的时候很慢。

◆ 做题和考试时常常因为陷入思维定式而出错。比如，平时问"以下正确的是"，而考试问"以下错误的是"，结果学生按照平时的定式作答。

◆ 常常因为只看到了主要信息，忽略细节信息而丢分。

◆ 作业速度和效率随时间延长有很明显的下降。

◆ 在阅读、书写、计算等学习行为上有一到两个技能存在困难，但其他技能没有问题。

◆ 能流畅地表达大段的话语，但要把自己说的话写下来就要花费很多时间，甚至写不下来。

◆ 自己做作业的时候常常因读不懂题目而求助，但家长只是把题目读了一遍，孩子就说懂了。

◆ 今天记住明天就忘，感觉孩子已经很努力了，但知识似乎就是进入不了孩子的大脑。

◆ 除了学习任务之外的事情都能做得比较好，但是一旦涉及学习任务，孩子的表现就令人难以接受。

◆ 偏科严重，能很好地处理语言、语音和口语信息，但不能很好地处理数理和空间信息，或者相反。

综上所述，工作记忆发展受损的孩子往往会被家长误以为是"学习态度"问题或者"没有学习天分"。因为他们在非学习的其他任务中往往都表现出色，例如，他们上课能认真听讲并积极举手发言，或者他们听话懂事，从来不会乱跑乱闯。但是，在面对某些学习任务的时候，他们就难以延续出色的表现，他们会变得拖延甚至逃避。他们的学习效率会变得非常低，甚至错误百出。总而言之，如果您的孩子在其他各个地方都表现还行，唯独学习状况比较糟糕的话，那么很有可能您的孩子有工作记忆发展的问题。

第二节　促进工作记忆发展的家庭训练游戏

针对工作记忆的家庭训练，其训练方向主要是促进中央执行功能的发展，简单来说就是通过各种任务类的游戏，使孩子在中央执行系统中的刷新、抑制、转换三大功能得到发展，从而帮助孩子从学习困难的窘境中走出来。

第十章　工作记忆相关问题与相应的家庭训练

训练游戏一：抑制信息游戏　　　　　　　　**时长：十~十五分钟**

　　游戏方式：在孩子面前放两只碗，分别倒入不同容量的水，使得用筷子敲击时声音差距明显。然后父母坐在孩子的对面，随机由一个人说出一个指定词语，孩子根据听到的词语进行反馈。

　　游戏操作：父母坐在孩子对面，妈妈面对孩子的左手，爸爸面对孩子的右手，然后随机由父母中的一人随意说出三个指定词语中的一个。指定词语分别是"爸爸、妈妈和丫丫"，每次只说其中的一个词。当孩子听到"爸爸"这个词时，用筷子敲左边的碗，听到"妈妈"这个词语时敲右边的碗，听到"丫丫"不敲。为了让孩子有动力参与游戏，父母可以用娱乐的心态来对待这个游戏。

　　游戏进阶一：该游戏训练的目的是让孩子不去想说话的人是爸爸还是妈妈，而将注意力转到讲话内容上。因为对孩子来说，判断是爸爸还是妈妈说话是优势反应，而判断说的内容是"爸爸"还是"妈妈"则是非优势反应。遵从这个原则，该游戏的优势反应和非优势反应可以变为：上下的方位。例如，一部分"上"字写在图片的上面，一部分则写在图片的下端；一部分"下"字写在图片的上端等。然后请孩子根据文字，而不是文字的位置敲碗。

　　游戏进阶二：该训练也可以和孩子的语文生字学习进行结合。例如，家长将许多个所学的生字组成另一个字，比如（示例图），然后让孩子根据生字和组成的字来进行组词、造句、对比、画思维导图等学习活动。

　　游戏衍生：根据训练的原理，父母也可以灵活地把该游戏衍生到数学、英语等学科的回家作业和学期复习中去。只要我们能够找到和内容相关的两个反应，并确定优势反应和非优势反应。例如，数字的大小和数值的大小、单一图形和组合图形、字的颜色和字义等，都可以成为训练游戏的一部分。

训练游戏二：刷新信息游戏　　　　　　　　　　时长：十五～二十分钟

游戏方式：在孩子面前放一叠扑克，然后不断地翻阅，随机停止后，问孩子最后 5 张扑克的数值与花色。

游戏操作：父母坐在孩子对面，在孩子面前放上一叠扑克，背面朝上并不断地翻开给孩子看，然后背面向上放在桌上。一段时间后随机停止，并要求孩子说出最后 5 张扑克的数值与花色。

游戏进阶一：该游戏训练的目的是训练孩子将已经过去的信息进行"刷新"的能力，如果孩子无法完成最后 5 张数值与花色的复述，那么可以减少张数，或者只说数字放弃花色。那如果孩子能够完成 5 张，我们也可以将任务增加至 6 张、7 张，甚至更多。当然，根据这个原理，我们还可以把游戏改为：说出倒数第二、第四、第六这 3 张扑克的花色和数字。还有一种进阶是，我们可以用两副扑克牌，其中一副的操作和游戏一样，等到随机停止后，给孩子另一副扑克，要求孩子挑出与最后 5 张一样的牌。

游戏进阶二：该训练也可以和孩子的数学计算学习进行结合。例如，在孩子看完牌后，要求孩子说出最后 3 张牌相加、相减、相乘、相除（或者分数）的结果。或者家长也可以这样出题：倒数第 1 张加上倒数第 3 张与倒数第 4 张的和，减去倒数第 2 张。

游戏衍生： 根据训练的原理，父母也可以灵活地把该游戏衍生到语文、英语、科学等其他学科的回家作业和学期复习中去。比如，我们可以把孩子今天的口算、填空题或者背诵题写在便笺上，然后一题题滚动给孩子看，并随机停止。然后要求孩子回答最后 3 个题目的答案是什么。

训练游戏三：任务转换游戏　　　　　　　　　时长：五~十分钟

游戏方式： 在孩子面前放一叠扑克，翻开后根据颜色来决定是判断单双还是判断大小。

游戏操作： 父母坐在孩子对面，在孩子面前放上一叠背面朝上的扑克，扑克只保留 1~10 的数字，去掉花牌和大小王。然后父母翻开最上面的一张牌。如果牌面是红色，那么孩子就要判断数字是单数还是双数。如果牌面是黑色，那么孩子就要判断数字是大于 5 还是小于 5，或是等于 5。完成后翻下一张牌。

游戏进阶一： 该游戏训练的目的是训练孩子不断地在判断单双和判断大小之间来回切换，从而训练孩子的转换功能。如果孩子完成得不好，那么我们就要放慢速度，如果孩子能够比较好地完成，那么我们就要加快速度。当然，根据这个原理，我们还可以把游戏改为：在孩子面前放两副 1~10 的扑克牌，并同时翻开，如果花色相同，判断大小；如果不同，判断奇偶。

游戏进阶二： 该训练也可以和孩子的数学计算学习进行结合。例如，在孩子面前放两副 1~10 的扑克牌，并同时翻开。如果颜色相同，那么相加；如果颜色不同，那么相乘。

游戏衍生： 根据训练的原理，父母也可以灵活地把该游戏衍生到语文、英语、科学等其他学科的回家作业和学期复习中去。比如我们可以把孩子今天的英语回家作业打开在桌上，并翻开扑克牌。如果是奇数就默写一个单词，如果是偶数就用单词造句；或者红色写近义词，黑色写反义词等。

其他日常训练　　　　　　　　　　　　　　　　时长：随时

游戏方式： 只要是和刷新信息、抑制信息、转换任务有关的活动，都可以成为日常训练的内容。

随时停止： 父母和孩子一起玩扑克牌。父亲拿牌坐在孩子对面，母亲手持筷子坐在孩子身后。父亲快速把一叠盖住的牌依次翻开展示给孩子看。如果孩子看到红色，就举左手；看到黑色，就举右手。如果在看牌的同时听到母亲用筷子敲击桌面的声音，那不论是什么花色，都不举手。如果孩子觉得难，出错很多，可以降低速度，必须从孩子能反应的速度开始，并逐渐加速。

数字匹配： 父母和孩子一起玩两副扑克。每人面前都有一叠盖住的扑克牌，然后按照妈妈、爸爸、孩子的顺序轮流翻开最上面的牌打出。如果后一个翻开的牌和前一个的数值一样，则所有人要抢先拍手说"杀"。谁先拍手抢到"杀"，谁胜。赢的人可以把这两张一样的牌拿回来。如果不一样就说"过"。比如，妈妈翻出了红桃5，爸爸翻出了黑桃5，那么大家要马上抢着拍手说"杀"。如果孩子先拍手说"杀"，就算孩子胜，孩子可以拿到这两张牌。

最后谁手上的牌多谁赢。

数字对碰： 爸爸或者妈妈和孩子两人对玩两副扑克。洗牌后把扑克分成同样数量的两堆，两边各拿一堆，扣在桌上，然后两人依次翻牌。如果有人上一轮出的牌和这一轮出的牌数值一样，就要拍手说"碰"。比如，妈妈上一轮出红桃3，这一次出梅花3，那么孩子和妈妈就要抢着拍手说"碰"，谁快谁赢。输家要把两张一样的牌拿回到手里，最后谁的牌少谁赢。

数字配对： 家长准备"一"到"十"的10张汉字数字卡片（可以用笔写在便笺上），然后看孩子做口算题。做完一题后马上用白纸把题目遮住，并从10张汉字数字卡片中抽取3张放在孩子面前，问孩子："刚才的题目里面有没有这个数字？如果有的话，是几？"本训练看似打扰孩子的计算，其实可以很好地训练孩子的工作记忆。

第十一章
我家的基础学习能力训练计划

很多父母并非不知道自己的孩子在基础学习能力上存在问题，但是一方面他们并不知道该如何对孩子进行指导，另一方面他们也不知道该如何开始规划和实施孩子的基础学习能力训练。如果你想要和孩子一起开展家庭基础学习能力训练游戏，那么本章的流程和环节或许能帮助你们迈出基础学习能力训练的第一步。

第一步　确定训练目标

训练的目的是提高孩子某一方面的基础学习能力,所以我们需要在训练前确定这一阶段的孩子开展基础学习能力训练的目标。

基础学习能力训练目标	
长期目标（一年目标）	起止时间
长期目标 A	
长期目标 B	
长期目标 C	
短期目标（月目标）	起止时间
a-1	
a-2	
a-3	

家长在考虑制定基础学习能力训练目标的时候,要把目标分为长期目标和短期目标进行考虑。这里的长期目标就是经过医院检查或者经过家长、老师观察,发现孩子需要提高的基础学习能力。这里的短期目标,就是在一个月的训练中,家长希望孩子的某些具体的错误行为有所改变。

第二步　挑选训练游戏

在确认了训练目标之后,家长就可以根据长期目标,在本书中找到相应章节,并和孩子一起讨论、确定、记录孩子喜欢的训练游戏。一般来说,孩子的基础学习能力训练每周至少要实施三次以上,每次 40 ~ 60 分钟。家长可以将孩子喜欢的训练填写在下表中,并计划好训练的时间和时长。

训练游戏	训练日期								训练时长
	周一	周二	周三	周四	周五	周六	周日	长假	

第三步　挑选奖励方式

虽然我们都期望孩子能够努力训练,有所提高,但是需要基础学习能力训练的孩子往往都伴随着注意力分散,容易放弃,甚至和父母顶嘴的情况。所以,在训练前我们要想好,该如何对孩子实施奖励和激励。

奖励的目的,是在儿童成功的时候,加强孩子的高峰体验,以帮助孩子养成追求成功感的习惯

自我奖励和激励表	
吃喝奖励	
物质奖励	
活动奖励	
机会奖励	
赞许奖励	

在和孩子讨论如何实施奖励，以及孩子打算如何奖励自己的时候，我们需要考虑至少五种奖励方式，以便我们在面对孩子的不同情况时，灵活地运用。

吃喝奖励，是指给孩子提供他喜欢吃的或者喝着的东西作为奖励。这里必须指出的是，我们一旦确定奖励物，那么这个奖励物就必须只有在完成目标的时候才能出现。比如说小东喜欢吃巧克力，父母和孩子商量后一致同意把巧克力作为奖励物，那么这就意味着孩子在平时是吃不到巧克力的，只有当他在训练中完成了预定任务，才有巧克力可以吃。如果孩子的家人在平时也给孩子提供巧克力，那么这个奖励物就失去了吸引孩子努力训练和让孩子体验成功感的作用。

物质奖励，是以我们买给孩子或者允许孩子拥有的东西作为奖励。比如漫画书、毛绒玩具、汽车模型、篮球、自行车、文具、水彩笔、小音箱、小宠物等。同样，如果我们确定了某一样东西作为奖励物的话，那么就必须在他实现目标的时候才能给予。一般来说，物质奖励往往是当孩子实现长期目标后的奖励，而对于每天的训练行为，应没有太多的物质激励。

活动奖励，是以允许孩子参与一次活动作为奖励。比如奖励看一场电影、去和同学聚会、参加一次木工坊的活动、爬山,等等。

机会奖励,是以给予孩子一次选择的权利作为奖励。比如,奖励孩子坐在自己喜欢的地方,奖励孩子选择今天晚上的电视节目,奖励孩子决定明天聚餐吃什么,奖励孩子可以要求父母无条件陪一小时或免做一次作业,等等。

赞许奖励,是指在精神上给予孩子表扬、肯定。比如,夸奖孩子、向孩子道谢、支持孩子、摸摸孩子的头、拥抱孩子,等等。赞许奖励是最容易给予、成本最低的,但却是孩子最看重的奖励。在孩子取得微小进步的时候,父母就可以不断地给予赞许奖励,持续激发孩子的训练动力。

第四步　和孩子一起训练并记录效果进行总结调整

当我们制定了训练的目标、确定了训练的游戏和训练时间、明确了奖励方式之后,我们就可以和孩子一起按照计划进行训练了。如果一段时间的训练后没有效果,我们就需要及时对训练的内容进行调整。为此,我们就需要在每个阶段的训练之后,记录效果并且进行总结。

训练成效记录		
训练结果	存在问题	短期目标调整

俗话说"万事开头难",经过上述四个步骤,相信您已经和孩子开始尝试基础学习能力的训练了,期待您和您的孩子在家庭基础学习能力训练中有所成长、有所提高。如果在训练中您依然觉得难以把握基础学习能力的训练操作,没关系,您可以向有关专家求助。如果在训练的过程中,您因为孩子的种种问题而火冒三丈,恨铁不成钢,总忍不住要批评和惩罚孩子的话,您可以再看一下本书的第四章《孩子需要被训练,而不是批评和惩罚》,或许对您会有一些帮助。

后 记

作为一名教师，最大的幸福莫过于桃李满天下；作为一名心理健康教师，最大的幸福莫过于看到身边每一位孩子的内心都充满阳光，看到他们积极、自信、豁达。因此，每当我发现有的孩子一步步滑向那个痛苦到窒息的泥潭，而他的父母却浑然不觉，甚至拒绝援助的时候，便会感到深深的刺痛和无尽的煎熬。这也促使我进一步思考，我能为这些孩子做些什么？孩子和父母还需要怎样的支持和帮助？于是，也就有了本书的编写和出版。

这本小册子，是我对自己 20 年工作经验的总结与分享，同时，它也承载着我内心深切的期盼。我期盼孩子们能够摆脱因注意力和学习问题而带来的混乱、扭曲、憎恨、麻木，期盼家长能够摆脱因孩子注意力和学习问题而带来的纠结、无助、自责、彼此抱怨甚至绝望。希望这本书能为家长提供一些容易操作、适合家庭的训练干预方法，帮助家长解决儿童在注意力和学习上可能遇到的问题。

感谢浙江大学、杭州师范大学、浙江师范大学、杭州市第七人民医院，杭州市第二人民医院的师长们给我提供了支持和帮助，感谢杭州市长寿桥小学金颖校长给予的鞭策和鼓励，感谢爱妻、儿子和女儿在我沮丧的时候给予的温暖和甜蜜，还要感谢所有在成书过程中给予帮助的同事和伙伴们。

如果我编写的这本小册子能够引发家长对于孩子学习与注意力问题的正确认识和理解，使他们开始关注孩子所面临的问题，并寻找专业人士帮助孩子摆脱困扰，那我为此所付出的一切辛劳都是值得的。

周佶

2022 年 10 月于杭州市长寿桥小学

责任编辑：张　磊
装帧设计：施慧婕
责任校对：王君美
责任印制：汪立峰
插　　画：陶思雨

图书在版编目（CIP）数据

　　基础学习能力家庭教育手册 / 杭州市长寿桥小学编 ；周佶著. -- 杭州：浙江摄影出版社，2022.12
　　　ISBN 978-7-5514-4130-8

　　Ⅰ．①基… Ⅱ．①杭… ②周… Ⅲ．①儿童教育—家庭教育 Ⅳ．① G782

　　中国版本图书馆CIP数据核字 (2022) 第158042号

JICHU XUEXI NENGLI JIATING JIAOYU SHOUCE
基础学习能力家庭教育手册

杭州市长寿桥小学　编
周　佶　著

浙江摄影出版社出版发行
　地址：杭州市体育场路347号
　邮编：310006
　网址：www.photo.zjcb.com
制版：浙江新华图文制作有限公司
印刷：浙江兴发印务有限公司
开本：889mm×1194mm　1/24
印张：6.166
2022年12月第1版　　2022年12月第1次印刷
ISBN 978-7-5514-4130-8
定价：38.00元